中公クラシックス W87

マルクーゼ

ユートピアの終焉

——過剰・抑圧・暴力

清水多吉 訳

中央公論新社

目次

科学からユートピアへ——予兆された社会主義の終焉——

清水多吉

第一節

この討論集が発表されてもはや半世紀の歳月が流れた。あの頃は、社会の雰囲気全体の中で、青年学生たちの「拒絶の精神」が大きな比重を占めていたものであった。この討論集の中で多くの討議をリードしたヘルベルト・マルクーゼ（一八九八年—一九七九年）は、端的に次のように述べている。

「私は、もっと具体的にお話しするように努めよう。というのは、私はあなたの質問を、何か現状肯定的（positiv）な考え方と受けとったのであるが、もしそれが本当であるなら残念なことである。私は今なお依然として否定的（negativ）な力を信じているし、われわれが現状肯定の立場に立ちうるような段階にはまだ立ち到っていないことを信じている。」

（本書、七十頁）

もともと、この著作は一九六七年七月十日から十三日にかけて、当時の西ベルリン自由大学（あの有名なフンボルト、ベルリン大学は当時東ベルリンに所属していた）での、学生運動の指導者ルディ・ドゥチュケを交えた学生たち、あるいは研究者たちとの討論集会、シンポジウムの記録である。マルクーゼは第二次世界大戦前、ナチスに追われてフランクフルト大学社会研究所の多くの同僚たちとともにアメリカへの亡命を余儀なくされていた。戦後、多くの同僚たちは西ドイツへ帰国していたのであるが、マルクーゼだけは一人アメリカの市民権をえて、アメリカに留まっていた。しかし、アメリカ社会での彼の多くの著作活動が評価され、またアメリカの市民権運動への彼の支援が高く評価されるなどして、彼は、一躍、世界的名声を獲得するに到っていた。彼に対するこのような高い評価が、むしろ、かつてのフランクフルト大学社会研究所の人々を、いわゆる「フランクフルト学派」として再浮上させたといってもいいようなものであった。そこで、彼マルクーゼは、短期間、ベルリン自由大学での討論集会に出席を要請されることになったという次第である。

当時、欧米社会（勿論、アジアでは日本も含まれる）では、第二次世界大戦後の戦後秩序が大きな岐路にさしかかろうとしていた。この時期が、巧妙な管理社会体制の下、「サイバネティックスやコンピューターの時代」（本書、十一頁）に入ろうとする端境《はざかい》期《き》であることは、マルクーゼ自身も認め、それを後期資本主義の、別言すれば高度管理社会体制の一般的特徴であり、動向であるとしている。

しかしながら、マルクーゼも指摘しているように、この種の戦後秩序の再編に際しては、このような動向に乗れない多くの人々を生み出すことになった。というのも、当時、このようなハイテク器材の採用は、まだまだトップ・クラスの企業群の間のことでしかなかったからである。アメリカの場合、この種の戦後秩序の再編に乗れない人々には、黒人層やヒスパニック系の人々が多くいた。それだけではなかった。これらの階層の人々は、市民権にも実質的にあずかれない状態であったのである。

このような事情を背景にして、戦後のアメリカ社会では、黒人指導者を中心とした差別撤廃運動が執拗に続けられてきた。一九六四年七月には、確かに、「公民権法」が制定され、一切の差別は公的には停止されたかに思われた。しかし、実質はその逆であった。これと同時並行的に行なわれていたアメリカ軍のベトナム内戦への介入は、しだいに泥沼化して行った。このベトナム戦争の泥沼化ととともにアメリカ国内での黒人あるいは非アングロ・サクソン系の人々に対する差別意識は逆に高まって行った。当然のことながら、このような差別的風潮に対する反対運動もまたベトナム戦争反対運動とともに高まりを見せることになる。これらの反対運動を担ったのは黒人指導者たちであり、学生たちであり、知識人たちであった。しかし、残念なことながら、この運動の黒人指導者キング牧師は、一九六八年四月、ワシントンへ向っての行進の途中、暗殺されて終ってしまう。

かつて、ユダヤ系であるためにナチス体制から手痛い処遇を受け、生命《いのち》からがら亡命してきたマルクーゼにとって、このような事態は他人ごとではなかった。彼はこれらの反対運動を積極的に支援する講演を行い、論文、著作を書き、アメリカ社会で高い知名度を得るに到っていたのである。

西欧社会での動揺は、西ドイツの場合、「ベルリンの壁」が出来てから数年後のことであった。東ドイツという抑圧的管理体制の社会主義国に対決するため、西ドイツでもアデナウアー政権（首相在任一九四九年―六三年）という長期にわたる強権政治を登場させていた。この政権は経済の「奇跡の復興」をバネに、次々と西側諸国の強力な一員としての地歩を固めて行った。北大西洋条約機構

（NATO）への加盟（五五年）、西ドイツの再軍備の強行（五六年）といった政策がそれである。しかし、更に六〇年代に入るとベトナム反戦デモも目立ち始め、一九六六年二月になるとこの反戦デモは、西ベルリンだけで学生を中心にして数千に及び同市の市民を瞠目させるほどになっていた。このような事態が北大西洋条約機構の結束をゆるがしかねないことを恐れた政府は、ナチス時代を思わせる非常事態に関する基本法を議会に提出する。これに対する反対運動も盛りあがり、一九六七年七月中旬、アメリカからマルクーゼを招聘してのデモ、集会となったものである。

この運動は翌一九六八年四月に入ると、フランスの「五月の反乱」と相俟って大きな波になり、学生運動の指導者ルディ・ドゥチュケはバッハマンという同世代の青年に銃撃され、重傷を負う事態にまでたち到る。当のドゥチュケは気丈にも一時回復はしたが、その後遺症のためほぼ十年後死亡する。ドゥチュケ銃撃という争乱状態の中で、六八年五月三十日、「非常事態法」は西ドイツ議会を通過し、学生運動も急速に分解衰退への道をたどらざるをえなくなる。

マロニエの花から鈴蘭の花に移ろうとする頃のパリ。街では、この六八年五月十日から開かれるアメリカとベトナムとの間の「ベトナム和平の予備会談」のことで、話題が持ち切りになっていたはずである。その時、パリの一隅で大学当局と学生との間で一悶着《ひともんちゃく》がもち上がっていたことなど、誰も気にする人はいなかった。五月二日、パリ大学ナンテール校が紛争を起した学生たちを排除するため、大学を閉鎖したのである。学生たちは校外で抗議集会を開き、警官隊と衝突になった。翌五月三日、ソルボンヌ大学でナンテールの学生たちとの連帯集会が開かれた。ところが、ここソルボンヌでも大学当局は学生たちを排除すべく大学を閉鎖してしまった。そこで学生たちはカルチエ・ラタンを解放区だとして警官隊、治安部隊と対峙することになった。

学生たちの当初の「自治と民主化」要求、「ベトナム反戦」のスローガンに、パリの一部の労働者たちも賛同し、次々とストライキ状態に入った。五月二十日前後にはほぼ一千万人の労働者がゼネストに入ったと言われている。パリの都市機能も麻痺状態に陥った。始め、「子供たちの馬鹿騒ぎ」と高を括《くく》っていたド・ゴール政権も慌て出し、五月三十日には国民議会を解散して、国民に信を問う態度に出ざるをえなかった。この総選挙に当って、賃金の引き上げ、国民の様々な権利の法制化、大学の「自治や民主化」要求の是認などを公約とせざるをえなかった。現政権をここまで追い込んだことで、これらの一連の動向をパリの「五月革命」と呼ぶ人もいる。ただし、総選挙の結果はド・ゴール派の勝利に終り、「五月革命」は急速に終焉を迎えることになる。

この「五月革命」の学生側指導者となったのは、ダニエル・コーン・バンディという学生であった。彼の一家は、もともとナチスに追われてフランスに亡命してきたドイツ系ユダヤ人であった。戦後、弁護士の父親とともに西ドイツに戻っていたので国籍は西ドイツである。だが、大学はパリのナンテール大学社会学部を選んでいた。と同時に、彼はこの大学の無政府主義グループにも参加していた。したがって、「五月革命」に際しての彼の発言にはソ連社会主義への批判が見られたことから、当時のフランス共産党は、むしろ学生の反乱に敵対し続けたものである。

第二節

読者諸兄の多くの方々は、同時期の日本の体験を、今なお覚えておられることと思う。この一九六八年は、日本でも大学闘争の炎が大きく燃えあがった年でもあった。発端は、一九六八年二月中旬、医師法改正に抗議する東京大学医学部学生自治会の学生側と医学部教授会、病院側との対立が、事件の発端であった。内科医局長をカンヅメ、暴行したという名目で、医学部教授会は十七名の学生、研修生を処分した。ところがこの処分はまことに杜撰なものであった。そのうちの一人は、当日、東京に居なかったとのことである。しかし教授会側は処分を見直そうとはしなかった。東京大学のもつこのような事大主義的権威主義的体質に多くの他学部学生たちも反発した。これから夏にかけて、医学部自治会の安田講堂占拠、大学当局による機動隊の導入といった事態に展開するや、他学部自治会も次々に無期限ストに突入して行った。

このような事態を他大学学生たちもただ傍観していたわけではなかった。彼らもまた自分たちの大学の持つ問題点を大学当局に突き付け、次々と闘争に立ちあがる。六八年の夏から秋にかけて、全国大学の約八〇%に当たる一六五校で闘争がもちあがり、そのうち半数の七〇校がバリケード封鎖されてしまったという。なかんずく、この時人目をひいたのは、従来、目立たないおとなしい学生と思われていた日本一のマンモス大学、日本大学の学生たちであった。

問題の発端は、六八年春、東京国税局の調査によって明らかになった大学の二二億円（現在なら二〇〇億円か?）にも上る使途不明金問題であった。この問題をめぐって大学の某課長は失踪《しっそう》し、某女性主任は自宅で自殺してしまっている。勿論、大学当局のこのような隠蔽《いんぺい》体質、教育施設の貧弱さに対する学生の反発は、従来からもあったらしい。しかし、その度毎に大学当局の意図を受けた右翼学生によって押さえつけられてきたという。しかし、今回ばかりはそういうわけにはいかなかった。大学当局に対する批判は各学部学生たちに拡がって行った。六八年五月末には、各学部学生有志による全学総決起集会がもたれることになり、この集会が全学共闘会議（全共闘）を発足させることになる。

以後の二つの大学の動向は次の通りである。東大に関して言えば、安田講堂は一時は機動隊によって解除されたが、その後、再び全共闘系学生によって封鎖され、各学部のストによって全学が占拠封鎖される状態に陥っていた。大学当局との交渉の不調の結果である。そこで、十一月には大河内総長以下、各学部長が辞任して、大学の機能は完全に麻痺してしまう。そこで法学部の加藤総長代行を中心とした大学の仮執行部は、学生側との接触を模索する。その結果、翌年の一九六九年一月十日、大学の仮執行部は、青山の秩父宮ラグビー場において、「東大七学部学生集会」を開き、両者の間に全学ストの収拾に合意した。ただし、この収拾に合意した学生集団は、「民青」という日本共産党指導下の学生集団、あるいはノンポリと呼ばれる学生集団であった。しかし、全共闘系は依然として大学に籠もり、封鎖を続けていた。

他方、九月三十日、日大全共闘は、日大の会頭以下全理事との「大衆団交」（大学側は「全学集会」）の開催に成功する。場所は両国講堂であり、全共闘側は何と三万五千人もの学生を結集させることに成功したという。全共闘側は、学内の検閲制度の廃止、経理の全面公開、全理事の引責退陣を要求した。

どんな組織だとて経理の全面公開だの、自殺者まで出した不評事件の責任の追及などといったことは、まことにアタリマエのことであろう。今から考えてみても、日大全共闘の要求は「革命的要求」などではなく、近代的組織なら当り前すぎるほどの要求であったのだ。勿論、会頭以下全理事はその要求に応ずる旨《むね》の文書にサインをする。

ところが、明けて十月一日。時の首相佐藤栄作はある懇談会において、事情を知らないまま、この集会は集団暴力の結果であるので容認できないと発言。この発言を受けて日大の当局は、前日の確認書をすべて破棄し、全員居座りをしてしまう。他方、学生側指導者八名を刑事告発し、学内のバリケード撤去のため、大量の機動隊を導入する。

一九六八年の暮れの段階の東大、日大の全共闘をめぐる政治的、社会的状況は以上のようなものであった。このような状況の下で、某大手新聞の社会部記者がある民間右翼の大物ボスにインタヴューした記事が、今も鮮かに思い出される。その記者は街頭での学生のデモ隊と機動隊の乱闘事件を見て、右翼勢力も出動するつもりは無いのかと尋ねた。それに対して民間右翼のボスは答えたという。「いや、今、われわれの出番はない。世間は学生たちに味方している」、と。

明けて一九六九年一月十六日、かねて共産党系の民青やノンポリ学生との間の交渉でスト収拾に成功した東大加藤執行部は、全共闘系学生の籠もる大学構内のバリケード撤去、更には安田講堂の封鎖解除を決意する。この決意を受けて全共闘系の一部の学生たちは勢力温存のため大学構内から自主的に退去していた。したがって最後まで踏みとどまった学生たちは六百数十名にしかすぎなかった。勿論、全員逮捕されている。

一月十八日から十九日にかけての二日間、安田講堂をめぐる数百の学生たちと八千五百の機動隊との攻防戦が繰り広げられる。激しい投石、火炎瓶に対する無数の催涙弾の応酬。多くのヘリコプターが上空を舞い、大学を遠くから取り囲んだ一般市民、学生たちの怒号と喊声が響く。あれは、まさしく一つの時代の象徴的シーンであったろう。勿論、八個機動隊の力に抵抗しうるべくもなく、籠城学生たちのすべてが逮捕されて、この事態の山場は終った。

この後、六九年九月五日には、各大学の全共闘の残存学生たちが全国大学に呼びかけ、日比谷野外音楽堂において全国全共闘が結成されることになり、参集した二万数千の全国大学の学生たちを前にして、議長に東大全共闘の山本義隆氏（ただし、逮捕、勾留中）、副議長に日大全共闘の秋田明大《あけひろ》氏が選出される。だが、この時期以降は、各大学当局が強気になり、大学内の抗議のバリケードは次々に撤去され、全共闘運動は急速に萎《しぼ》んでいかざるをえない時期に入る。その上不幸なことながら、それに反して学生間の各セクトは過激化し、一般学生たちも学生運動から遠ざかることになる。おそらく、学生運動にトドメを刺したのは、一九七二年二月上旬の十日間に及ぶ「浅間山荘」事件であったろう。この山荘を武力占拠し、管理人女性を人質にとって籠城した学生たちは、仲間十四人をも殺害していたのである。

第三節

日本の場合の「全共闘」運動の動向にいささか頁を割きすぎたようである。要するに、こういった世界的な学生運動を中心とする反乱の季節、しかも旧来の左翼思想に依ることのない学生たちの反乱の季節の中で、ヘルベルト・マルクーゼとかつての同僚たちが再評価されるようになってきたということである。マルクーゼとかつての同僚たち、即ち「フランクフルト学派」と呼ばれることになるかつての同僚たちは、ナチスに対しては厳しい非難を浴びせつつ、他方、ソヴィエト・マルクス主義

（スターリン体制）に対しても批判の姿勢を崩さなかった。その姿勢は、これまで見てきた通り、学生たちの反乱の季節に、各国共産党がむしろ鎮圧側に有利に動き、反乱の動向に敵対する側に組したことによって、ますます鮮明になってくる。したがって、マルクーゼ及び彼の思想動向に共鳴したグループ（というより旧来の左翼思想に飽き足らない感をもっていた新しい世代の新しい傾向というべきか？）は、世界的に「ニュー・レフト」と呼ばれることになる。

しかし、実のところ、このような思想傾向を持つマルクーゼやその同僚たちは、世界的な学生たちの反乱によって、初めて国際的に浮上してきたわけではない。例えば、マルクーゼの日本への紹介はかなり早い。例をあげれば、彼の代表作『理性と革命』（原著一九四一年）、『ソヴィエト・マルクス主義』（原著一九五二年——邦訳名『工業社会とマルクス主義』）、『エロスと文明』（原著一九五六年——邦訳名『エロス的文明』）などは、既に一、両年ならずして邦訳紹介されているし、また『一次元的人間』（原著一九六四年）もまた学生反乱期以前に翻訳紹介されている。

ところが、マルクーゼの思想のあらかたが述べられているこれらの著作の紹介者がそれぞれ違っていたため、マルクーゼのイメージは、テンデニバラバラであった。例えば、『エロス的文明』を邦訳した南博氏ほどの人が、一九五八年の段階でマルクーゼを、ニューヨークとフランクフルトの社会調査研究所の所員と紹介してみたり、フロムとの共著『権威と家族』の執筆者と紹介してみたりしている。しかし、ニューヨークとフランクフルトの社会調査研究所というのは、マルクーゼとその同僚たちがナチスに追われてアメリカに亡命した戦前までの研究所の名前である。そしてまた『権威と家族』という共同研究は、ホルクハイマーを中心とする社会研究所のスタッフの五年にわたる研究の成果であり、完成は一九三六年のことであった。「家族」内の父親の権威的あり方が、いかにナチス体質を支える性格形成の基になったかを論じたこの共同研究は、ナチス研究に新しい視角をもたらす非常にユニークな研究であった。勿論、その第一部はホルクハイマー、フロム、マルクーゼ三人の思弁的論文で構成されてはいる。しかし、フロムやマルクーゼがこの共同研究の主導者であったわけではない。

ところで、戦前のフランクフルト大学の社会研究所に依った人々のうちで、いち早く日本に紹介されていたのはウィットフォーゲルであったろう。彼の中国研究、なかんずく「アジア的生産様式」の研究は、昭和初頭の日本の中国問題研究者に大きな影響を与えたものである。しかも、昭和十年（一九三五年）五月、彼は亡命地のアメリカから中国への調査旅行の途中、日本にも立ち寄っている。迎えた平野義太郎、東畑精一といったアジア問題研究者たちに与えた影響は計り知れないものがある。だが、ウィットフォーゲルは社会研究所内では浮いた存在であったので、彼を通して社会研究所の全体像を摑《つか》むなどといったことが出来たわけではなかった。

ところがである。実はこの社会研究所の二代目所長になるホルクハイマー（所長就任は一九三一年一月）も日本人研究者に既に知られていたのである。その日本人研究者とは、後年、日本社会学の泰《たい》斗《と》となる新明正道氏である。新明氏は青年期のドイツ留学に当って、フランクフルト大学を目指したのだそうである。理由は、一九二九年、『イデオロギーとユートピア』によって、一躍、社会学の寵児になった感のあるマンハイムのゼミに参加するためであったという。日本からの留学生も参加するゼミであったので、それぞれが自己紹介をすることになったのであろう。そのゼミには若い学生たちに混ってマンハイムと同世代のホルクハイマーも参加していたのだそうである。マンハイムはあの著作の後、特定のイデオロギーやら真理規準に拘束されることのない「自由に浮動する知識人」の立場を謳いあげることになる。マンハイムのこのような言辞に対して、恐らくホルクハイマーが批判的発言をしていたのであろう。これは戦後もかなりたってからの新明氏の『回想録』によるものであるが、しかし、だからといって新明氏にホルクハイマーとその同僚たち、即ち、「フランクフルト学派」の論考があるわけではない。

後年、新明正道氏が東北大学の停年後、立正大学に赴任してこられ、同大学の人文科学研究所の所長になられた時、事務を担ったのが私であった。その際、ホルクハイマーを中心とする「フランクフルト学派」の研究をしているという私自身の自己紹介に答えて、新明氏は「私もホルクハイマーに会っている」と応じられたものであった。そこで、新明氏の『回想録』は、私自身が熱心に勧めたこともあって成ったものである。

その他の日本人研究者なら、今日、大阪大学の名誉教授になっておられる徳永恂氏が、かつてフランクフルト大学のアドルノの許に留学されていたと聞く。しかし、同氏の精度の高い「フランクフルト学派」の諸研究は、やはり、世界的な学生反乱の季節の後のことである。

ことほど左様に、マルクーゼがアメリカや西ドイツの反乱学生たちを支援し、学生たちもまたマルクーゼの用語を使って抗議の声をあげるまで、マルクーゼの所属していた「フランクフルト学派」の思想内容やらその全体像は未知のままであったのである。

第四節

冒頭のマルクーゼの発言をもう一度ご覧になっていただきたい。ドイツ語で現状を“positiv《ポジティーフ》”に認めるのを「積極的」に認めるではなく、「肯定的」に認めると訳出し、現状に、“negativ《ネガティーフ》”に対応するのを「消極的」に対応するというのではなく、「否定的」に対応すると訳出したのは、この学派の一般的思考性に合わせるためであった。このような「フランクフルト学派」の理論は現状に対する「批判理論」と呼ばれている。

マルクーゼはかつて『理性と革命』（一九四一年）において、更には後年アドルノが『否定の弁証法』（一九六六年）において、ヘーゲルの弁証法あるいは歴史観に対する後継者たちの解釈に、大いに異議を申し立てたものであった。後継者たちの多くは、ヘーゲルの弁証法あるいは歴史的展開を次のように理解した。つまり、ある現状（テーゼ）を否定する運動（アンチ・テーゼ）が、結局、ある高次の状況（ジン・テーゼ）をもたらすものだなどと単純に理解したのである。これに対して、「フランクフルト学派」の面々は、歴史が常に否定の力で動くものであり、その否定の力によってもたらされた高次の状況といえども、決して肯定され続けるべきものではない、と理解した。この学派のこのような思考性は、ナチズム体制に対してのみならず、スターリン体制下の社会主義体制に対しても鋭い批判を投げかけることになる。

この学派の「批判性」「否定性」は、単にヘーゲル的歴史理解に向けられたばかりではなく、もっと深く人間の心理的理解にも向けられることになる。例えば、初期のフロムがマルクスとフロイトとを結合しようとした試みがそうであった。彼のこのような試みの成果は『自由からの逃走』（一九四一年）に結実する。この著作の中で、彼は、現代人が疎外感や無力感から逃がれるために、「マゾヒズム的」に権威や画一性にひたすら同調し、この社会の弱者や同調不能者に対しては「サディズム的」に対応すると分析したものであった。おそらくこの著作は、現代人の性格分析としてなおも古典的名著たる資格を失なわないだろう。ただし、この名著を書く前後には、フロムはフロイト修正派の立場を鮮明にし、「フランクフルト学派」からも離れてしまっていた。

フロムがフロイト修正派の立場を鮮明にしたのは、フロイトが医師として「リビドー」をあくまでも生物学的エネルギーとしていたのに対して、フロムはこれを「文化的」エネルギーと解釈したからである。特にアメリカ亡命後のフロムは、フロイト主義を「口当りの良い」文化修正主義に変えることによって、アメリカ社会に広く受け容れられることになった。

マルクーゼは同じくアメリカに亡命していても、フロム的修正主義に反対し、あくまでも「リビドー」を「生物学的なもの」と捉える。マルクーゼは、この「生物学的なもの」にも二つの原則があると考えた。一つは「エロス」であり、もう一つは「タナトス」であるとした。「エロス」はあくまでも「生」を求める原理であり、その「生」を求める原理が現実原則とぶつかって極度の緊張に陥った時、その緊張を解消するように働くのが「タナトス」、つまり、緊張の「死」の原則、「タナトス」の原則であるというのである。

実のところ、フロイトは現実原則と快楽原則の葛藤を言いつつ、常に現実原則が勝利を占め、結局、人類の歴史は快楽原則をいかに現実原則が押さえこんできたかという歴史でもあるとするペシミズムを持っていた。しかし、あくまでも「生」の原理である快楽原則の解放を説くマルクーゼにペシミズムはない。

この点でも、マルクーゼの理論は、戦後社会で新しい「生」と「性」の解放を目指す学生たちに受け容れられやすかったと言っていい。討論の随所に出てくる「エロスや死の衝動」(二十七頁)、「美的―エロス的次元」(三十頁)、「道徳的、性的反抗と政治的反抗」の結合(六十一頁)などといった文言に注目していただきたい。ここでは、従来のマルクス主義的抵抗論などではおよそ考えられない発言が飛び交っている。

しかるにである。現行の「ソヴィエト・マルクス主義」体制は、弁証法的発展の最終段階であり、それ故の自己完結性を誇ることによって、現行資本主義体制と同様、いやそれ以上に「批判」勢力を排除し、現実原則を強固に支持し、一切の快楽原則を排斥しようとしている。本来、自由とは現実原則の持つ様々な抑圧的機能に対する「否定」として規定されるべきではなかったのか。このような「否定性」は所詮「ユートピア」だとして斥けられてきた。見るがいい。今日の「ソヴィエト・マルクス主義」体制が現行資本主義を上回る理想的社会だなどと信じている者は、よほどの固陋頑冥《ころうがんめい》な旧マルクス主義者以外にはないはずだ――と、マルクーゼは主張する。

この原因は、マルクス主義を形成してきたあのエンゲルスにも責任がある。彼は、そもそも経験科学である社会主義理論を自然科学と同様に扱い、「ユートピアから科学へ」などと称して、一切のユートピアを排除しようとしてきた。経験科学は人間の欲求を基礎に持つ。とすれば、当時の資本主義体制のもつ抑圧機能に対して、それを「否定」し、別様な社会を作ろうとしたユートピアンたちを一概に排除してしまって何が失なわれたのか。それは新しい時代、新しい社会を作ろうとする「希望」が失なわれてしまったということなのだ。現行資本主義と同様、いやこれに追いつこうと「工業化」をしゃにむに目指している「ソヴィエト」体制においても、事態は同じことなのだ。このような「ソヴィエト」体制批判は、既に彼の著作『ソヴィエト・マルクス主義』（一九五八年、邦訳『工業社会とマルクス主義』）において述べられていることであった。

つまり、マルクーゼにとって、人間の根底からの自由を求めるユートピア的思考が滅ぼされて、現行社会主義体制は、むしろ、許し難い抑圧体制であることが鮮明になったということが問題なのである。

「われわれは少なくとも社会主義への道の理念を、〈科学よりユートピアへ〉と把握しなければならないのであって、エンゲルスの言うごとき〈ユートピアより科学へ〉では決してないのである。」（五頁）

「遊ぶとは、単に理論としてばかりではなく、人間のあり方としても、新しい人間学の理念であり、自由を求めてのヴァイタリティーにあふれた要求の成立であり、展開である。いかなる自由を求めてか。それはもはや疎外された労働という必然性と辛気臭さとに基礎づけられたり、制約されたりすることのない自由である。」（八頁）

つまり、マルクーゼのユートピア的思考とは、人間の自然的欲求である快楽原則が、「疎外された労働」という現世の必然的あり方をいかに揚棄するかということに向けられるべきものだ、というのである。これがマルクーゼの目指す「革命」のユートピア的理念である。このような思考性に対する内在的批判は当然ありうるだろう。しかし、六〇年代末、マルクーゼの思考性を受け容れた世界的学生、青年たちの反乱が、その後、急速に萎《しぼ》んで行ったにせよ、マルクーゼ的快楽原則の開花の風潮が大きな時代のトレンドになって行ったのはまぎれもない事実であろう。

第五節

この討論集会が行なわれてからほぼ二十年後の一九八九年十一月九日、ホーネッカーに率いられる東ドイツの抑圧的社会主義体制は音をたてて倒壊した。人々は歓喜の声をあげながら、あの「ベルリンの壁」を崩すために殺到した。この「壁」の崩壊の後で分かったことであるが、東ドイツの社会主義体制は民衆に対する抑圧機関どころの話ではなかった。それは厳重な秘密警察網によって国民をガンジガラメにしたナチスばりの監視国家であったのだ。

社会主義体制の崩壊は、実は東ドイツだけではなかった。この時より四年半前の一九八五年三月、ソ連共産党書記長ゴルバチョフが、ソ連社会の行き詰まりに対して取った処置、民主化と情報公開（いわゆるペレストロイカとグラスノスチ）の結果は、たちまち東欧社会主義諸国にも波及し、東欧諸国に対するソ連の指導性も破棄され、東欧諸国は次々と社会主義体制を倒し、自立して行った。

勿論、このような事態に対し、一九九一年八月、旧ソ連共産党によるクーデタによって社会主義体制への復帰の試みもなされたが、民衆の支持を得られずこの試みも失敗し、結局、ソ連の社会主義体制も全面崩壊し、ソ連は市場経済を基とする資本主義体制に戻り、ソヴィエト連邦はロシア共和国としてスタートすることになり、今日に至っている。

そしてまた、ソ連・東欧社会主義が崩壊して、四半世紀以上の歳月が流れた。このような事態に至った今日、マルクーゼのこの『ユートピアの終焉』の問題提起のうち、何が今日なおも有効であり、何が今日別様な解釈を必要としているのであろうか。

まず、ソ連・東欧社会主義の崩壊の原因は、経済政策の失敗であったとされている。勿論、ゴルバチョフ時代、ソ連経済が逼迫し、西欧諸国からの借財も拒否され、体制運営が立ち行かなくなっていたのは事実である。しかし、ソ連社会はあのスターリン時代からブレジネフ時代に至るまで、体制維持のための大量の「ノメンクラトゥーラ」によって支えられ、行政、経済の運営のみならず、世論操作にまでこの階層が動員されていたのである。したがって、このような体制へのロシア民衆の「批判」的言辞は、例のイリヤ・エレンブルクの小説『雪解け』（一九五四年）のような勇気ある試み以外は、まったく封じられてしまっていた。つまり、ロシア民衆は自国の社会主義体制に何の「希望」も持ちえなくなっていたのである。民衆が自国の現状に「ユートピア的」であるにせよ「希望」を持ちえなくなっていた時、別言すれば「ユートピアが終焉」せしめられた時、その体制は終焉を迎えていたと言っていい。この点で、マルクーゼが、六〇年代末、「ユートピアの終焉」が現行社会主義体制の終焉だと述べたことは正しかったと言っていいはずである。

私がマルクーゼのこの『ユートピアの終焉』の翻訳に取りかかる直前、実は、故好村冨士彦氏（後、京都大学教授）に誘われて、池田浩示氏（後、京都大学教授）、岡田浩平氏（後、早大教授）らとともに、エルンスト・ブロッホの『ユートピアの精神』（一九六四年度版）の輪読会に参加していた。この表題もまた、当時の社会主義論の中では異端的な響きを持っていた。かつてはルカーチと盟友であったブロッホも、ルカーチがソ連寄りの姿勢をとるようになるや、むしろ対立関係に立つようになっていた。このようなブロッホがユートピアの精神を高らかに謳いあげていたのは、次のような理由による。

つまり、ブロッホに依ると、人間存在は生きるに当って、その一瞬一瞬が「暗闇」である。だが、この「暗闇」の中でも「未だ意識されていないもの」が時として顔をのぞかせることがある。この「未だ意識されていないもの」が、現行社会への批判となる時、「ユートピアの精神」は革命的力になると示唆する。このような発想は、「ユートピアの終焉」が現行社会主義社会への幻滅を意味するという考え方と表裏一体を成すものであった。したがって、ブロッホの思想はマルクーゼの思想とともに、当時の西ドイツの学生運動の指導者ドゥチュケらに強力な影響を与えたものであった。

さて、ブロッホにせよ、マルクーゼにせよ、「ユートピアの精神」が「終焉」せしめられてしまったことが、現行社会主義体制を魅力のないものにしてしまったという両者の予言は、文字通り、歴史的事実によってその通りであったことが示された。しかし、両者の思想が当時の時代的風潮を批判する点では正しかったとしても、その後の二一世紀へと流れる時代風潮に照らしてみた場合はどうであろうか。

ブロッホの「未だ意識されていないもの」とは、暗にフロイト的な「無意識」の世界を指していた。これに対して、ブロッホより一〇数年若いマルクーゼは、かつての同僚フロムとともにはっきりフロイトの「無意識」の分析に踏み込んでいる。要約的に言うなら、フロイトは現実原則と快楽原則の対立、葛藤の中で、常に現実原則が勝利を占めてきたのが人間の歴史的現実だと、ペシミスティックに語ってきた。だが、マルクーゼは、快楽原則を「生」と「死」の衝動に置き換え、その「死」の衝動も「生」の極度の緊張を解きほぐすためのものであり、人間の究極の営みは、このような「生」の衝動を満足させることだと理解したため、彼マルクーゼはきわめて前進的であり、ダイナミックである。

確かに、あの二〇世紀六〇年代末の学生、青年を中心とした社会運動では多くの「性的」快楽を含めた諸欲求の解放が社会現象となり、多くの人々に共感と反発の両反応を産んだ。勿論、若い世代は圧倒的に共感を示し、これが時代のトレンドになりはした。あれから半世紀の歳月が流れ、あの時の抵抗の原理としての快楽原則は、一部、今や抵抗の意味を失なって、当り前の社会現象にさえなっている。では、その分だけ現実原則は快楽原則に道を譲ったのであろうか。

しかし、それにつけても思い出される人物がもう一人いる。ヴィルヘルム・ライヒである。死後ではあるが彼もまたマルクーゼ同様六〇年代末の学生、青年たちに読み継がれていたものであった。彼は、マルクーゼ以上に快楽原則の解放、特に「性」的欲求の解放が文化の原動力であり、それを妨げるものを打破するのが革命の目的だと主張していた。そこまではいいにしても、彼はアメリカに亡命した後、何をトチ狂ったか、「性」的リビドーを宇宙論的に捉え、宇宙的「性」的リビドーを捉えることに成功したなどと奇矯な言動が目立ち始め、遂には狂死で終ってしまった。歴史や宇宙の終局のものを摑まえたなどと説いて狂死した彼は、痛ましい反面教師であったと言うべきであろう。

歴史の終局のものなどを、今、語ることは歴史のダイナミズムをないがしろにし、現前の現実に「否定的」に対応するとしたマルクーゼの思想とも相反することになるだろう。だが、あの学生の反乱の季節から半世紀を経た今日の現実から見た場合、マルクーゼの問題提起はどう映るだろうか。

後期資本主義社会あるいは高度発展市民社会は、随所に「抑圧的寛容さ」を示しているのが、その特徴である。この「抑圧的寛容さ」は、かなりの程度、快楽原則の発露を許容している。しかし、この「抑圧的寛容さ」は寛容の度合を越して現行の現実原則の貫徹を防げるものに対しては、断固として排除を主張する。したがって、マルクーゼに言わせると、この種の「抑圧的寛容さ」は既存の支配体制の強化以外の何ものでもないとして、やはり「否定」の対象となる。

しかしながら、現実原則、快楽原則というマルクーゼの依っている精神分析を離れて考えてみれば、現代の問題は実に多様である。例えば、それは、現行の行政システムやら経済システム等をこのままにしておいていいのか、それとも別様なシステムも考えるべきなのか、その際には、ジェンダー問題やら、他民族の持つ別様な思考を考慮に入れる必要はないのか、といった所謂、文化多元主義が問われてきているといった問題もあろう。

このような現代の問題を考えるのに当って、マルクーゼの思想のどの側面を再検討すべきか、どの側面を継承すべきかということが問われるだろう。だが、残念ながら、これらの問題を考えるのに紙面が盡きてしまった。

最後に一言だけ。どのような現前の現実であろうとも、その現実に対して「批判的」視角――マルクーゼの用語なら「否定的」視角――を欠くならば、現実処理に当って、発展的展望などありえないだろうということだけは確かなことである。

二〇一六年三月上旬

冷雨降る洗足池の茅屋にて

著者記す

ユートピアの終焉——過剰・抑圧・暴力

凡例

一、本書はヘルベルト・マルクーゼ『ユートピアの終焉』(合同出版刊、一九六八年)を底本に編集した。

一、なお、原書は "Das Ende der Utopie" Verlag Maikowski, Berlin, 1967 であるが、そのうちの第二の講演は "Das Argument" 45 に掲載されたものを訳出した。マルクーゼ自身、第一の講演、第二の講演を加筆訂正して "Psychoanalyse und Politik" Europa Verlag, 1968 に集録している。しかし、こちらの方は論文形式に訂正されたため、詳細にはなっているが、講演の方で述べられた尖鋭な語調がだいぶうすめられている。

一、明らかな誤字、脱字は訂正し、また読みやすさをはかるため適宜句読点を補い、改行をほどこした。

一、今日の人権意識に照らして不適切な語句や表現があるが、本書が発表された時代状況に鑑み、当時のママとした。

ユートピアの終焉

私はまず第一に平凡な真理を語ることから始めなければなるまい。というのは、私は思うのだが、今日、日常世界をどのように変えてゆくかということや、また自然的あるいは技術的世界をいかように変えてゆくかということは、現実的に〔構想〕可能なのであり、その可能性たるやまさに歴史的なものなのだ、ということである。今日われわれは、この世界を地獄と化することができるし、むしろ諸兄も知っておられるように、現にわれわれは地獄化への道を歩んでもいるのである。もちろん、われわれはこの世界を地獄から救おうと思えば、それもできないわけではない。いずれにせよ、ユートピアがこのように終焉せしめられようとしていること、つまり、ユートピアを歴史的社会的な諸可能性の予知として活用してきた理念や理論が否定されようとしているということは、今や非常に厳密な意味において、歴史の終焉としても理解されるということである。ここで厳密な意味においてと述べた内容については、今日私が諸兄と討論したく思うものだが、それは次のような視点から述べたものである。すなわち、人間社会とその環境のもつ新しい諸可能性は、単に旧い諸可能性の継続として想定されたり、同質の歴史的連続の延長線上に考えられたりしてはならず、歴史的連続を断絶せしめることを前提として考えられねばならない。あるいはまたマルクスの言によれば、共産主義へ到るまでの歴史が人類の前史をなすというのであるが、今日のまだそこまで到らない不自由な社会と、到達した自由な社会との間には質的な断絶がある。それなのにその断絶の可能性を否定することは、とりも直さず厳密な意味において歴史の終焉を意味するということである。

だが一方ではマルクスもまた進歩の継続という概念に非常にとらわれていたために、マルクスの社会主義理念は、資本主義の全面否定を志向するなどという理念を含んでいなかったし、これからのマルクス主義もそうであろうと思う。ということは、そもそもユートピアの終焉という概念は、新しい社会主義の定義を少なくとも討論してみる必要性を担っているということであり、しかも、社会主義に関するマルクスの理論は、今日既に旧くなってしまった生産力の旧い発展段階に応ずるものではないのか、という根本問題にさかのぼって討論してみる必要性を担っているということである。私見によれば、それは、自由の王国と必然の王国との間を分かつ、かの有名な区別において、既に極めて明瞭に述べられている。自由の王国が必然の王国の彼方にのみ考えられ、そこでのみ存立しうる限り、必然の王国は、事実上疎外された労働という必然の王国のままにとどまるしかない。

マルクスも言うごとく、この必然の王国に起こりうることのすべては、たかだか労働が出来る限り合理的に為されて、出来る限りその時間が短縮されるべきだというにすぎない。だがそれはやはり、必然の王国の中での必然の王国に即した労働なのであり、したがって不自由なものである。それゆえ、自由な社会と不自由な社会との間に質的断絶を認めた上での新しい可能性の一つは、自由の王国を必然の王国の中に見出すこと、つまり労働の中に見出すことにあるのであって、決して労働の外に見出すものではない、と私は確信している。もし諸兄が以上のような思弁的理念を、従来の思考に対して真向から挑戦するごとき定式でもって言い換えたいと望まれるなら、私は次のように言っておきたい。即ち、われわれは少なくとも社会主義への道の理念を、「科学よりユートピアへ」と把握しなければならないのであって、エンゲルスの言うごとき「ユートピアより科学へ」では決してないのである、と。

本来ユートピアとは歴史的概念である。この概念は、不可能と思われる社会的変革を計画することを意味している。いかなる理由で不可能なのか。ユートピアに関する普通の論議では、この不可能とは新しい社会計画の実現性が不可能であることをいう。

一、その理由は与えられた社会状況の主観的、客観的条件が変革に適応していないことによる。社会状況のいわゆる未成熟といわれるものがこれである。例えば、フランス革命期における共産主義運動などが好例であろう。あるいは現代なら、高度に発展した資本主義諸国における社会主義なども多分その例になるという人がいるかも知れない。いずれにせよこの二例は、計画を実現せしめるための主観的、客観的条件があるいは実際に存在しなかった例、あるいは欺瞞的に存在しないといわれている例である。

二、社会的変革のための計画が、確固とした科学的法則に抵触するために、実現不可能と見なされる場合。生物学的法則、物理学的法則等々に抵触する場合がこれであるが、例えば永遠の若さを得たいという人間の古くから抱いてきた願望、またはよく言われる黄金時代への回帰という願いなどを考えてもらえばよかろう。私をして言わしむれば、社会的変革のための計画が事実、確固とした科学的法則に抵触するこの第二の場合にのみ、ユートピアと呼びうる。厳密な意味では、そのような計画のみがユートピア、つまり非歴史的（außergeschichtlich）なのだ。

主観的、客観的条件の欠如という第一の場合はせいぜい暫定的にのみ実現不可能と見なされうるにすぎない。諸条件の欠如した計画が実現不可能と見なされる理由に、例えばカール・マンハイムの基準（Kriterien）などを持ち出すのは適切ではない。というのは、まず第一に実現不可能とは常に事後（ex post）になってのみ不可能と定義されうるという非常に単純な理由からである。それゆえ、歴史上実現不可能であったことが立証されたからという理由で、社会変革のためのある計画を非現実的なものと見なすという考え方も実際わからないわけではない。第二に、実現不可能の基準をそのような考え方の上にすえるのは適切とは言い難いからである。なぜなら、革命的計画の実現が、革命の過程においてまさに克服されうるはずであり、また克服されるべき反対勢力や反対運動によって阻止されている場合も応々にしてありうるからである。したがって、一定の主観的、客観的条件がそろっていないからといって、それが変革の実現を妨げるものとなるかどうかは問題のあるところである。特に——これは、今日われわれが取扱う問題なのだが——工業的に最高度に発展した資本主義諸国において、革命的階級の把握が困難であるということは、決してマルクス主義がユートピア化されたことを意味するものではない。革命の社会的担い手とは、革命の進行過程そのものの中で形成される。それがマルクスの言わんとしたオーソドックスな見解である。革命運動が勃発する時、革命的勢力がいわばレディ・メイドにありうるなどという僥倖にしてやや安易な状況を、人は頼むわけにはいかないのだ。だが、また私をして言わしむるなら、ある計画の実現可能性に関する基準はありうると思う。つまり、それはたとえ既存の生産力体制によって妨害されようとも、変革を実現しようとする物質的、精神的諸勢力の合理的実力行使が技術的に存在しうるかどうかにかかっている。それが存在しうるとしたなら、その意味でこそ、今日われわれは実際にユートピアの終焉を語りうるものと考える。

自由な社会の実現のために行使されうるあらゆる物質的、精神的勢力は、現にこうしてこの会場におられるではないか。これらの力が自由な社会の実現のために行使されないということは、解放への独自な可能性を圧殺すべく、ひたすら現体制が総動員をかけていることに起因する。だが、このような状態だからといって変革への計画自体がユートピアだということにはならないはずだ。

以上述べてきたような意味で、貧困と悲惨との克服は可能である。そしてまた同様な意味で、疎外された労働の廃棄は可能であるし、過剰抑圧（surplus repression）と呼ばれるものからの解放も可能である。私は信ずるのだが、この点に関してなら、われわれは比較的に一致している。いや悪いことには、この点に関してなら、われわれはわれわれの敵勢力とさえ了解し合っているものと思う。というのは、今日ブルジョア経済学においてさえ、物質的であれ精神的であれ技術的に既存の生産力を駆使するなら、飢餓と悲惨との克服が可能であるということ、あるいは今日生起している事件が世界の政治経済的機構に起因しているということを認めようとしない者、そのような事大主義的な学者や研究者はほとんど存在しないからである。われわれはその点に関して一致し合っているのは確かである。

今日は、その点を特に論争の対象にしてみたいと思う。というのは、技術的に可能な貧困と悲惨との克服、あるいは労働の廃棄ということが一体いかなる意味を含んでいるのか、われわれはまだよく理解しえていないからである。この歴史的諸可能性について、われわれは次のような形式で考えてみなければなるまい。つまり、貧困と悲惨とを克服し、労働を廃棄するということはこれまでの歴史の連続というよりは断絶を意味し、肯定というよりは否定を意味し、量的進歩というよりは質的差異を意味するということである。さらに言うなら、それは人間的リアリティ次元の、あるいは物質的基盤に根を下ろした人間的存在次元の能動化であり、解放であり、人間的存在の生物学的次元の能動化でさえあるのだ。

遊ぶ（das Spiel）とは、単に理論としてばかりではなく、人間のあり方としても、新しい人間学の理念であり、自由を求めてのヴァイタリティーにあふれた要求の成立であり、展開である。いかなる自由を求めてのか。それはもはや疎外された労働という必然性と辛気臭さとに基礎づけられたり、制約されたりすることのない自由である。そしてまたそれは、質的に新しい人間的要求の必然的発展であり、したがって生物学的次元のもの、つまり非常に厳密な生物学的意味における要求でもある。自由を求めるヴァイタリティーにあふれた要求は、このようにして成立するのであって、高度に発展した資本主義諸国の均質化された大多数の人間には、恐らく今後とも望むべくもないだろう。このようなヴァイタリティーにあふれた要求に基づく新しい人間学は、それゆえ、これまで西欧文明史の大部分を規定してきた、ユダヤ＝キリスト教的モラルの遺産継承と、その遺産の否定としての新しいモラルを含んでいるのである。それはともあれ、これまで抑圧的社会を個々人の中で絶え間なく再生産してきたのは、抑圧的社会において展開され、満足せしめられてしまった要求が継続してきたからなのである。再び言う、個々人は、己れ自身の要求の中で抑圧的社会を再生産してきたのだ。それは革命を通してさえ同じことであった。これまで量的増大から自由な社会への質的飛躍を妨げてきたのは、まさにこの抑圧された要求が継続してきたからにほかならない。

　このような考え方は、人間的要求が歴史的性格をもっているということから導き出される。性的欲求を含めて、あらゆる人間的要求は動物性のかなたのものだとして歴史的規定を受けてきているのであり、歴史的に変容させられてきているのである。抑圧を既に内部に含んでいるような要求の継続が破綻をきたし、質的に異なったものに飛躍するということは、決して何か絵空事なことではなく、生産力の発展自体の中にひそむ何かを意味しているのだ。というのは、生産力の発展は、今日、自由の諸条件を正当に取扱うべく、ヴァイタリティーにあふれた新しい要求を実際に呼び起こすような段階にまで到達しているからである。

　量から質へのこの飛躍を可能ならしめる生産力の発展段階とは何であるのか。それはまず何よりも、支配の基礎自体を掘り崩す支配のテクノクラシーである。より一層精神的な神経労働が加重される生産過程（物質的生産過程）における肉体的労働力の段階的縮小、あるいは技術者、科学者、エンジニア等の階層における社会的に必要な労働の漸次的集中化などの諸現象がこれである。ご存じのように、ここドイツでもかような傾向が焦眉の問題となっている。かような傾向は今スタートを切っている。いやそれは単に今スタートを切ったというばかりではなく、私は信ずるのだが、これからますます加速されてくるに違いない傾向である。なぜなら、この傾向は資本主義社会が存続する際の必然的なものだからである。もし資本主義が、生産力のこの新しい諸可能性を利用することに成功しなければ、資本主義は、利潤追求の必然性や、特にオートメーションの発展にまつわるその他の諸条件などによって阻止されることのない新しい社会との競争に立ちうち出来ないであろう。

いずれにせよ、オートメーションの完成ということは、一方資本主義の限界でもあるということを、ここでわれわれは付け加えておかねばなるまい。既にマルクスが『資本論』以前に洞察していたごとく、社会的に必要な労働を完全にオートメーション化することと資本主義の存立とは両立できないのである。完全なオートメーション化へ、がこの傾向の簡潔なスローガンであるが、この傾向によって必然的肉体的労働、つまり疎外された労働はいよいよますます物質的生産過程から引き離されてしまう。かような傾向――ここでようやく私は「ユートピア的」諸可能性を主張したいという自論、つまりここで実際遊ぶとはいかなることを意味するのかということを理解するために「ユートピア」的諸可能性を強く前面に押し出したいという自論に到達するのだが――は、社会的枠組と社会的水準を相手どった全面的実験を問題にする時点にまでたどりつく。貧困が克服されるや、この傾向は、社会的労働の内容である人間的、非人間的性質の両可能性を止揚した遊びへと到達する。そしてまたこの傾向は、科学的に形成されてきた生産力に基づく生産的想像力、つまり、自由な人間存在の諸可能性を生産力の発展に応じた諸可能性の基礎の上に打ち立てるという生産的想像力を生み出すのである。このような意味で、技術的諸可能性が抑圧の諸可能性とならないためには、つまり、技術的諸可能性が解放された機能を果たすことができるためには、その技術的可能性が解放された要求によって担われてゆくことが必要なのである。

もし労働の廃棄を求めるヴァイタリティーにあふれた要求が叶えられず、もはやその労働の必要性が社会的にはなくなっているにも拘らず、あくまでもその労働の継続だけを求めようとする要求がはばをきかせ、また、良識ある享楽や幸福を求めるヴァイタリティーにあふれた要求が叶えられず、考えうる限りの悲惨な生活の中で、営々と糊口をしのがなければならないとしたら、これを要するに、ヴァイタリティーにあふれた要求が叶えられず、抑圧的要求によってそのような要求が窒息せしめられてしまうとしたら、そのとき待ちうけているものは、この新しい技術的諸可能性が、事実、改めて抑圧の可能性に転化してしまうだけだということである。

サイバネティックスやコンピューターが人間存在の全体的コントロールに一体何を寄与しうるのか、それをわれわれは今日既に知っている。ところで、現行の要求をきっぱりと否定するところから生まれる新しい要求は、たぶん今日の支配体制を担っている諸要求、その要求を担っている諸価値の否定の総合として計上される。例えば、生存競争（これは言うならば必然的なものであると言われてきた。したがって生存競争の廃棄が可能であるなどと軽々しく語る理念や空想は、すべて人間存在の自然的、社会的諸条件に矛盾することになるというのである）に基づく要求を否定すること、生存競争に基づく生の営為、実行原則、競争を否定すること、決して各自の個性を表わすことなく、またアウトサイダーになることも許さない画一主義に対する今日の馬鹿げた強い要求を否定すること、壊滅への道と不可分に結びつく浪費的、破壊的生産性を求める要求を否定すること、虚偽の衝動抑制を求めるような要求を否定すること、等……。以上のような要求は、所詮自由を求める要求の中で否定されてきている。もっとも諸兄がよくご存じのように、この種の自由を求める要求は今日決してそんなに多数の要求ではない。さらに以上のような要求は平穏を求める要求の中で、孤独を求める要求の中で、生物学者が教えてくれるところによると、これは有機体の必然的要求なのだそうであるが、個人性（Privatheit）の領域の中で、あるいはまた幸福を求める要求の中でも否定されてきたものである。だが以上述べてきた抑圧的要求のすべては単に個人的なものとだけ考えられてはならず、生産力の組織化と管理化の下で決定的に作動するようにしむけられている社会的生産力、社会的要求の結果なのだとも考えられねばならないのである。

しからば新しいヴァイタリティーにあふれた要求は、社会的生産力として日常世界の全体的技術変革を可能ならしめるであろうか。それについて私は思うのだが、日常世界が全体的技術的に変革されてしまって始めて、人間間の新しい関係も可能になるということである。この際の技術的変革とは——再び私は技術的に最高に発展した資本主義諸国について語るのだが、ここでのそのような変革とは、資本主義的工業化と商業政策とから生まれた弊害の除去を意味する——諸都市の全体的再建であり、資本主義的工業化によって生まれた弊害を除去して自然を回復することである。勿論、こんなことは諸兄にことわるまでもないことだろうが、資本主義的工業化によって生まれた弊害を除去するからといって、技術を避け、ロマンチックな退行を良しとするものではない。そうではなくて反対に私の言いたいことは、資本主義的工業化と資本主義的技術とが除去されて始めて、工業化と技術一般の諸恩恵が目に見えるもの、現実化されるものになりうるということである。

私がこれまで暗に述べて来た新しい質的変化とは、私見によれば——ここでまた最初に述べておいた点に帰るのだが——社会主義の概念を持ち出すだけでは、必ずしも当をえたものになるわけではないような変化のことである。社会主義の概念は、それ自体われわれの念頭においては、なおまだ生産力の発展の枠内、労働の生産性向上という枠内でしか理解されていない。そのような理解は、科学的社会主義の理念が基礎づけた生産性の発展段階についてなら、単に頷けるというばかりでなく、必然でもあったであろう。しかし、そのような理解の仕方は、今日では少なくとも検討を必要とする要素を含んでいる。さらに、自由な社会としての社会主義社会と、大胆な仮説と思われるかも知れないが、いかなる抑圧もなくなった現行のままの社会との間にある質的差異をわれわれは今日、敢えて討議し、規定するよう試みなければなるまい。さて、社会主義社会のもつ新しい質的差異の全体を述べるべき何か一つのスローガンを、というのなら、まさにここで私は美的―エロス的質という概念が常に私の念頭に浮かんできているということを申し述べておきたい。まさにこの両概念にこそ――そのさい美的なる概念は、感覚（Sensitivität）の発展として、人間存在のあり方として、その言葉本来の意味に受取らるべきであるが――自由な社会の質的特殊性がある。そしてまたこのことは、再び言うが、技術と芸術、労働と遊びの一致を暗示もしているのである。したがって今日、左翼前衛芸術派の知識人の間でフーリエの著作が再びアクチュアルなものとなっているのは決して偶然のことではない。『フーリエ全集』の新版がパリのアントロポス版で今出されている。マルクス、エンゲルス自身が認めているように、自由な社会と不自由な社会との間の質的差異を最初に明確ならしめた第一人者はフーリエであったし、労働が遊びになることの可能であるような社会、つまり社会的に必要な労働が人間の本能的要求と傾向性（Inklination）とに調和されて組織されうるような社会について語ることを、まだマルクスでさえある程度遠慮がちであったのであるが、そんなことにいささかもたじろぐことのなかったのもフーリエであった。

最後に一つ注釈をつけ加えさせてもらいたい。既に述べてきたことだが、私が今日なおかつマルクス主義と名づけているこの批判的理論が、もし悪臭に満ちたこの現実を単に改良するだけで満足したくないというのであれば、この批判的理論は以上大雑把に述べてきた自由についての極端な可能性を、あるいは新しい社会の質的特徴に対するいわれのない非難を、己れみずからの中に取り入れなければなるまい。そしてマルクス主義も、自由を決して既にある現実のものなどと見なすことのないよう、敢えて定義をし直してみる必要がある。以上のごとく所謂ユートピア的可能性というものは、決してユートピア的なのではなくて、現行体制のきっぱりした歴史的社会的否定を意味するものであるために、このような可能性をはっきり意識化し、他方このような可能性を妨害、拒否する勢力の存在することを自覚（Bewußtmachung）するということは、現実に対して非常にプラグマティックな反対の気持をわれわれの心に呼び起こすことになるかも知れない。このプラグマティックな反対の気持たるや、すべての幻想にとらわれたくないというものであるかと思えば、他方、どんな敗北主義にも陥りたくないという気持でもあるだろう。だが、敗北したくないという気持があるだけで、自由の可能性を現行体制に売り渡してしまうものこそが、敗北主義なのだ。

ユートピアの終焉についての討論

質問　例えばイギリスのポップ運動などに、あなたはどの程度、美的―エロス的生活態度への積極的先駆性を認めておられるのか。

マルクーゼ　ご存じかと思うが、私にあびせられてきた非難のうちで、最近は特に二つのものが目につく。そのうちの一つに、学生運動は今日既に革命運動を遂行しうるまでに到っていると私がまるで煽っているかのようにいうのがそれである。そのうちの二つは、アメリカにおけるヒッピー、ヨーロッパにおけるガムラー、ビートニックといったものが、新しい革命的階層であるかのごとく私が主張しているというものである。そのような主張は、いずれも私の見解からはほど遠い。そうではなくて私の主張したかったことは、実際今日の社会には、この抑圧された社会における支配的要求を全面的に拒否しようとする傾向――アナーキスティックに無秩序な、だからこそ自発的な傾向――が現に存在するということの指摘だけである。あなたの言及されたグループは、体制内部の分解状態を端的に表わしているものだ。もちろん、かような現象一般としては、決して革命的な力になるわけではない。しかし、他のもっと強力かつ客観的な力との関係からみるなら、多分一定の役割を果たしうるものとはなりうるだろう。

質問　あなたは、変革のための物質的、精神的力が技術的に存在しうるかどうか、ということを述べられた。だが、あなたの講演によれば、それは純粋に言葉の問題としてもおかしい。あなたは、新しい社会、つまり「ユートピア」のための物質的、精神的力が存在するかどうかを言いたいのであって、変革のための力ではないと思うが、いかがか。われわれにとって本来の関心事であり、あなたからまだ何の解答もえていないのは、変革のための物質的、精神的力に関する問題なのである。

マルクーゼ　この質問に答えるには、第二の講演が必要となるほど語らねばならない。だが二、三の点を示唆しておこう。私が諸要求あるいは質的差異という概念について、かくも執拗に試論を試みたのは、言うまでもなく変革の問題が念頭にあるからである。ここ数十年来日程に上ってきた革命が、阻止されてきた主要原因の一つは、変革を求める要求の欠如であり、抑圧である。この要求の欠如は、変革を担う質的に断絶したものであるはずの社会集団において、特に著しい。マルクスがプロレタリアートの中に革命的階級を見てとったということは、プロレタリアートがその要求をまずまっ先に掲げたことによるのである。なぜなら、プロレタリアートは資本主義社会の抑圧された要求などには何のこだわりもなかったし、プロレタリアートの中には自由を求める新しい要求が展開されうる可能性があり、旧い一般的な要求などによって窒息させられるようなことはなかったからである。今日、高度発展段階の資本主義諸国の大部分には、もはやそのようなことは当てはまらない。今日の労働者階級はもはや、現行の要求を否定する階級ではないのだ。これこそまさに、われわれが論議を尽くさねばならぬ極めて由々しい事実の一つなのである。さて、変革を求める力そのものについてだが、ここに君は君の革命的力を持っている、それは革命への力なのだ、したがってこれこれのことがなされねばならぬ、などと指示しうるような処方箋を今日誰れもが書きうる状態にないことを率直に申しあげておこう。

それゆえ、私に可能なことのすべては、体制のラディカルな変革を求める力が潜在的にどこにあるのかを示唆することだけである。それを示唆するために二、三の点をあげておこう。まず第一に、資本主義内部の古典的矛盾は、今日、かつてあったより、より一層深刻になっているということである。特に、生産力と社会的富の未曽有の発展を一方とし、この生産力の破壊的抑圧的使用を他方とする両者の間の一般的矛盾は、今日、かつてのそれよりも遙かに深刻である。第二に、資本主義は今日、世界的規模で非資本主義勢力と対決しているということである。しかもこの非資本主義勢力たるや、今、世界の各地で資本主義に対して公然たる闘争をいどんでいるのだ。そして第三に、アメリカ、ヨーロッパのごとき後期資本主義諸国自体においては、反対勢力が著しく台頭しているということである。ここで私は、知識人の反抗、特に学生の反抗を再び高く評価するのをいとわないつもりだ。

今日、学生の反抗は依然としてわれわれに目新しく映る。だが歴史的知識を少しでも思い返すなら、ラディカルな歴史的変革が学生の手によって始められたのは、決して史上最初のことではないことがわかるであろう。それは、単にヨーロッパの場合だけではなく、世界の他の地域においても同じことである。現行社会の指導的ポストをひき続き占めてゆく、知識人としての学生の役割は、今や歴史的にかつての役割よりはるかに重大になっている。これに道徳的—性的反抗がつけ加わる。この反抗は、既成の支配的モラルに背を向けたものであって、支配的モラルに対する反動から生れてくる分解的要素として真面目にとりあげられねばならぬものである。特にアメリカにおける現象はそうである。ところで、なおまだ統合過程（Integrationsprozeß）が進行中であるヨーロッパの労働者階級の一部においても、どうやらそのような現象がみられるようである。それが傾向として変革への力、変革へのチャンス、変革への武器等々になりうると個々に評価できるかどうかは、もちろん、長時間かけた別の討議の対象になるだろう。

質問　私の質問はまず第一に、あなたが強調された新しい人間学の役割についてであり、次に、あなたが歴史的に種々の意味内容を与えられた要求構造のうちで、質的に新しい生物学的要求の役割とは何かということである。その質的差異というものが、どうして革命的社会主義の理論になりうるのか。最初、あなたがユートピアの問題に関して、自由の王国に対する必然の王国の関係として言及されたことだが……。確かにマルクスもまた、必然の王国の土台の上にのみ自由の王国が築かれると述べている。だがそれは、自然史の枠内においてのみ自由な人間が打ち立てられるということであって、エンゲルスも強調しているように、必然の王国のかなた、自然史から抽象されたものを基にして打ち立てられるということではない。ところで、あなたは新しい生物学的要求を求められるにあたって、例えば自由を求めるヴァイタリティーにあふれた要求とか、非抑圧的な幸福とかをそれに含めておられるように思われる。あなたは、そのことで人間自身の自然史における心理学的構造が別な機能を果たすようになるとか、まったく質的に変化してしまうとかおっしゃりたいのか。そしてまた、そのようなことが今日、質的に新しい可能性であると思っておられるのか。

マルクーゼ　人間の自然史が変われば、私の言う新しい要求が生まれうるのか、というお尋ねなら、しかりとお答えしておこう。人間の本性――マルクス自身もはっきりとそれを必然の王国の上に認めていたのであるが――は歴史的に規定されたものであり、歴史の中で発展するものである。人間の自然史は言うまでもなくさらに存続してゆくであろう。だが、自然に対する人間の関係は今日すでにかつてとは異なったものになってきている。もし、完全な技術をもって疎外された労働を廃棄することができ、社会的に必要な労働の大部分が技術的実験によってなるものならば、必然の王国は自由の王国になるだろう。実際、必然の王国自体がそのように変化した暁に始めて、マルクス、エンゲルスがなおまだ労働のかなたの王国に帰属するものとせねばならなかった自由な人間存在の諸特徴を、多分われわれは労働の王国自体の中で生まれるものと見なすことができるだろう。

質問　後期のカール・コルシュはその著書『廃棄について』（das Buch der Abschaffungen）の中で、『資本論』の中にもでてくるマルクスのかの二つの中心的テーゼを非難している。その一つは、労働は廃棄されない、というものであり、その二つは、剰余労働は廃棄されない、というものである。私自身としては、労働というものが、もし人間と自然との間の物質代謝を意味し、衝動抑圧をしなければこの物質代謝がありえない、などというのでなければ、第一のテーゼについてマルクスの言に同意したいと思っている。だが、後期のマルクスについては、私はよく知らないのだが……。今、自由や幸福を求めるヴァイタリティーにあふれた要求といわれたが、もしそれが生物学的要求として考えられねばならぬとしたら……一体それはどのようにして物質的なものに置き換えることが可能なのか。自由や幸福を求める要求などは多分、生物学的要求に属するのであろう。物質的なものに置き換えることが可能であるということは、多分、自由や幸福を求める要求が生物学的要求の構成要素だからなのではあるまいか。

マルクーゼ　物質的なものに置き換えることが可能か、という問いは、自由や幸福を求めるような精神的要求が、社会的生産の中でどのような効果を発揮し、ひるがえって、その精神的要求自体が生理構造的にどのような変化を受けるのか、という意味にとってよろしいか。ならばお答えしよう。そのような精神的要求は、解放された日常世界を創設するのに効果を発揮する。私は資本主義的工業化の恐怖の除去ということで、そのことを示唆しておいた。そこで私の言いたかったことは、解放された新しい性質をもつ環境においてこそ、新しい要求は始めてその所をえるのだということである。即ち、精神的な要求を物質的なものに置き換えることが可能であるような日常世界は、実際生理的に言っても、人間性の再度の変革を必要とするということである。つまり、今日ますます恐るべき役割を果たしつつある野獣性、残虐性、誤てる英雄主義、誤てる生命力、がむしゃらな競争心などをチェックする必要があると言い換えてもいい。これらもまた生理的現象なのだ。

質問　支配機構に対する、いや端的に支配そのものに対するアナーキーな諸戦略のうちで、いかなる戦略を復権せしめられるのか。私自身について言うなら、例えば後期のマルクスは解放を目ざすが、あくまでも理性的な態度（das emanzi patorische Vernunftsinteresse）をもっぱらにしていたといって、コルシュが非難している、そういった後期のコルシュの立場を支持したい。なぜなら、そのような理性的態度などというものは、結局、生産活動等の強化だけを目論んできたのであるし、自由な時間と見なされる、かの空き時間をいささかでも切りつめる方向にだけ役立ってきたにすぎないからである。さらに、未だ排除されない経済外的強制に対するアナーキーな戦略のうちで、いかなる戦略を復権せしめようとされるのか。この経済外的強制は、今日それ自体すでに直接経済的な力とさえなっている。私の考えでは、この経済外的強制は、かの原始的蓄積期以来、単に直接的物理的力としてばかりではなく、心理的力にも換置されて作用してきていると思う。そしてそのことは、資本主義における質的に新しい自然生長性の誕生をうながす。なぜなら、マルクスにとって自然法則とは力の内面化、経済的力の内面化のことを言うのであるから。そして経済外的力の内面化とは、権力操作当局（das Manipulationsinstanzen）が官僚的国家的支配機構を巧みに己れの内部に抱きこんでいるということなのだ。

マルクーゼ　いや、それは力の内面化というのではあるまい。今日もし、資本主義における何ものかが明瞭になって来たというのなら、それは純粋に外的な力、決して高尚なものでない力がかつてより、より強力になって来たということであろう。したがって、私は一般的に言って力の内面化であるとは見なさない。世論操作の現状は、勿論われわれとしてもこれを看過してはならないが、決して力なのではない。というのは、テレビの前に何時間坐っていようと、誰れも私に命ずるわけではないし、白痴的新聞を読めと、誰れかが私に命じているわけでもないからである。

質問　いや、その点については敢えて反論したい。というのは、内面化とは即ち見せかけの寛大さが可能であるということであり――それはまさに古典的資本主義における経済的力の内面化が、政治的、道徳的上部構造の見せかけの中立性をもたらすだろうということを意味したのと同じである。

マルクーゼ　それは端的に言って概念拡張が少し過ぎるようだ。力は力なのであり、私が問題にしているのは、何時でも好きな時に取りかたづけることが出来るテレビ受像機の見せかけの自由を通したシステムなのである。勿論それは単に仮象というだけのものではない。これらすべてのものは、しかし力という次元のものではないのだ。もし、あなたがそれをも力というなら、あなたは今日の社会における重要な要素の一つを抹殺してしまっていることになる。それは、テロルと、テロルによらない内面化や統制メカニズムによる全体主義的デモクラシーとの区別である。後者は力ではない。力とはある人が他の人の頭を棍棒でなぐるなり、なぐるぞと嚇すなりすることなのだ。現行体制が、あの手この手で流すテレビ番組が私の前に提示されているからといって、それは力というわけではない。

質問　いや私の意見としてはこうなのだ。というのは、マルクスも『資本論』の中で述べているごとく、生産過程における個々人の客観的立場は暴力によってもたらされたものであり、暴力の結果を表わす以外の何ものでもないということなのだ。さらに、マルクスの言によれば、経済的支配関係が内面化される度合に応じて、政治的支配関係は一見公平さを装いうるようになる、つまり潜在的なものへと沈潜せしめられるのである。だが、経済的関係、即ち、暴力関係の存立そのものが問題にされる瞬間においては、経済外的、そう、物理的な抑圧の強制力が呼び醒まされる。かつて経済危機の後の、あのファシズム状況を考えてみれば解るであろう。以上のような意味で私は暴力の内面化というものを問題にしているのだ。この暴力の内面化が俎上にのぼされる時には、物理的抑圧力がそれなりに必要とされる。現代においてなら、例えば資本主義は、官僚制、諸管理機構といった経済外的強制力の内面化をそれ独自のメカニズムとして必要とする。資本主義が公然たる物理的暴力をふるっているベトナムにおける実例さえある。今や個々人の抱いている寛容の限界は踏み越えられているのだ。個々人は反乱を起こしつつある。しかもその反乱たるや、ベトナム問題のように、われわれドイツ人にとってはまったく抽象的な問題をめぐってさえ起こっているのだ。しかり、公然たる抵抗運動がここに起こっているのだ。ところで綱領的に言って、歴史的に新しい、生物学的にも質的差異をもった欲求構造と、マルクス、エンゲルスによって、革命戦略上からはあまり重要視されなかった階層としてのプチ・ブルのモラルの復権との間に関連があるのかどうか、お尋ねしたい。

マルクーゼ　戦略的に位置の低いこれら階層の内容についても、われわれは区別立てしておかねばなるまい。私が洞察しうるかぎり、ルンペン・プロレタリアートもプチ・ブルももともども、今日いかなる方法をもってしても、かつて彼らが示したような、ラディカルな力とはなりえなくなっている。だが、インテリゲンチャの役割だけは、今日再び重要なものとなってきている。

質問　だが、学生は階級性のない階層だとは思われないか。

マルクーゼ　そうは思わない。

質問　生産力が十分に発展したという条件がそろえば、マルクスによって社会形成過程の特徴とされた自然法則性が止揚されるものかどうか、それを知りたい。即ち、新しい社会の解放にとって必要なものである生産力が十分に発展したという条件のもとで、なおかつ一般的に「必然性」を云々することが可能なのか。そのような条件がそろっても、なお「必然性」や客観的プロセスなどについてお喋りすることがなぜ絶えないのか。つまり、生産力が完全に成熟したという条件のもとでは、経済学的理論と革命的実践との間のずれをはっきり断絶したものと見る必然性はないのであろうか。さらに言うなら、客観的傾向性に対する主観的活動の役割がまったく新しく構成され、まったく新しく規定されねばならない。そうすれば、例えばアナーキズムという形式における主観的活動性の問題も、再び正統なものとなり、革命集団の要望とも利益ともなりうるのだ、ということである。このことを説明するために、コルシュは前述の『廃棄について』において次のごとく言っている。テーゼ、ユートピア社会主義。アンチテーゼ、資本主義の社会主義的発展としてのマルクス主義。ジンテーゼ、両者の揚棄。だが、コルシュの著書は、われわれがこれまで経てきた時代では、生産力が解放された社会のために創られるような時代が、実際のところ、われわれの前におとずれていると言っているのではない。それゆえ、最近われわれが「左翼ファシズム」という概念をめぐって、ハーバマスと討論した内容は、主観的活動性というものを、マルクス主義の見地から理論的にどう新しく規定すべきか、という問題であったのだ。そこでは、例えば、この主観的要素を、われわれが生きているこの歴史的時代におけるまったく新しい要素として把握し、決して主意主義などという、つまり、社会のなおまだ未成熟な状態に抗して起こってくる主意主義などの役割を果たさせるべきではないことが論じられた。

マルクーゼ　実際、主観的要素の新しい規定は、現下の状況における、極めて重要な要請の一つであると思う。物質的、技術的ならびに科学的生産力は自由な社会のためにあるのだということを強調すればするほど、そのことが実現されるだろうという可能性を信ずる意識をわれわれの心に呼び起こそうとする要請はますます高まるだろう。なぜなら、そのような可能性を信ずる意識が信条化されるということは、現行体制下における、まさに特徴的な状況だからである。そしてこれこそが主観的要素と呼びうるものである。私は意識の発展、意識を発展させようとする努力、お望みなら、観念論的逸脱と呼んでもいいこのような努力が、今日実際、唯物論の、しかも革命的唯物論の主要課題であると思っている。そのようなわけで、私が欲求について論及してきたことは、結局、あなたが主観的要素と呼んでいるものの意味内容と共通のものを含んでいるのである。

革命を望み、革命を経ねばならぬと信じている人間を自由奔放に解き放すことが、現下における課題の一つなのだ。さもなければ、そのような人間はだめになってしまうだろう。それこそが、今日主観的要素以上の意味をもつ主観的要素であろう。他方、もちろん客観的要素というものがある。——これこそ、私が改革したいと思っている唯一のものなのだが——それは組織だ。変革の可能性を阻止する現行社会の総動員と私が呼んだものは、かつてみられなかったほどまでに強力かつ効果的になっている。つまり、一方には、意識をとにかくも高揚させようとする絶対的必要性があるかと思えば、他方には、強大な権力の集中があるのだ。そしてこの権力の集中たるや、これに対抗する極めて自由な意識など、まるで笑うべきもの、無力なものとしか映らないほどまでに強大なのだ。この二面の闘争は、今日かつての闘争よりも、より鋭くなってきている。一方において、意識の解放が必要であり、他方において、現行体制下、極度に集中化された権力構造にひそむ亀裂の可能性を追究することが必要となる。この追究なくしては、例えばアメリカにおいて、比較的自由な意識が今日までほとんど主導権をもちえなかった理由が理解できないだろう。端的に言って、アメリカにおける比較的自由な意識など、ほとんど何の効力も持ってこなかったのだ。

質問　あなたが言われた、社会的変革の原動力としての新しい欲求についてであるが……この欲求は、一体どれほど大都市の特権であることか。また、この欲求は、技術的、経済的にどれほど高度に発展した社会を前提としていることか。あなたは、この欲求が貧困な国における革命、例えば、中国革命やキューバ革命にもみられると思われるか。

マルクーゼ　私は、この新しい欲求に対する傾向が、現行社会の両極に見られると思う。即ち、一方では最高度に発展した社会に、他方では第三世界において民族解放戦争を闘っている部分に。しかも、マルクスの理論において明瞭に述べられている現象、即ち、資本主義体制の欺瞞に満ちた恩恵の埒外にある人々は、自由な社会を担いうる欲求を発展せしめることができる人々だという現象が、第三世界では日々繰りひろげられているのである。民族解放戦争を闘っているベトナム人は、自由への欲求をもっているなどと、ことさら改めて述べるまでもないことである。ベトナム人は確かに攻撃に対して、生命を護る欲求をもっている。現行社会のこの段階において、この地球の裏側の欲求は、実際、言葉の厳密な意味において自由への欲求であり、自発的欲求である。他方、最高度に発展した社会においては新しい欲求を追求しようとしている、あるいはたとえ追求するとまではいかなくとも、生理的に抑圧されているがゆえにその新しい欲求を端的に抱いているような集団、少数集団が存在している。さて、再びここでビートニクやヒッピー運動を見てみよう。われわれが現社会で見ているものは、とにかく興味のある現象であって、言うならば、「過剰社会」の恩恵にあずかることを端的に拒否する姿勢であるといっていい。それはすでに欲求の質的変化の一つでさえある。それはもはや、より良いテレビ、より良い自動車を求める欲求ではなく、また何かしらの快適を求める欲求でさえない。それはむしろこのような欲求の否定なのだ。「僕たちは、その種のまったく下らない欲求と、もはや何の関係ももちたいと思わないのだ」と彼らは言う。それゆえ、この両極の世界にこそ可能性はある。

質問　その質的変化は本当にスキャンダルなものであらざるをえないのだろうか。それともスキャンダルのうちに終わらざるをえないのだろうか。あなたは、始めユートピアについての概念をマルクスからとってきた。次に空想的社会主義者からとってきた。それは正しい、と私は思う。というのは、あなたは一方に、非常に強烈な媒介契機をもっておられ、その媒介契機の中に新しい質を見ておられるからだ。技術的合理性は、管理された世界の操作可能な技術とは矛盾する、とあなたは述べられた。また他の箇所で、過剰な社会の発展した生産力についても述べられた。それはこの種の生産力の発展が、自明のことながら、抑圧的現実関係（Realitätsverhältnis）が維持される条件とは矛盾する、ということであった。第三に、あなたはフロイトの修正を提案された。そこで、あなたは、エロスや死の衝動の規定に関するフロイトの見解を修正され、さらにそこで、抑圧的技術の維持が、まったく快楽原則の概念の中に入る余地のあろうはずがないことを確定された。あなたは、それゆえ、あなたのユートピア概念に関する媒介について、三つの契機をもっておられる。他方、あなたの説は、非常に困難な点をもっている。――そして、実はここにこそマルクスの概念との相違があるのだが――それは次の点なのだ。つまり、あなたは、マルクスにおける階級のごとく担い手たるべきはずの集団的主体をもっておられず、内部的にもはっきりばらばらな集団だけを問題にしておられ、そのばらばらな集団にともかくも希望をつなぎうるとしておられる。またあなたは、現状分析から、現にある物質とその利用状況との間にまだひらきがあり、この物質が利用されないままでいることなどありえないことを強調された。さらにまたあなたは、社会が必然的に進んでゆく未来社会の諸傾向を指摘された。それゆえ、あなたの形式によるユートピアとは、生産の諸条件によって媒介されたものであるが、そのユートピアが必然的に実現されるとは期待しえない。そして、この点にこそ私の疑問がある。というのは、あなたは、例えばロベスピエールの場合のごとく、正当な行為としてのテロルが、何ら問題にするまでもない自明の正当性をもつものであると発言されたわけであるが、マルクス的見解との相違の最も重要な点は、この暴力の要請という点にある。もし、あなたのように未来社会を現行社会の諸物質の中にすでにあるものと見なしているのなら、一体暴力の要請などというものは必要なものであろうか。私が考える暴力行使の要請は、現行社会が打倒されうるものであり、また打倒されるであろうことを良く見抜いており、だがその危険性を己れみずからに引受けようとする人々によってなされるものなのだ。

私は、問題の亀裂とこの亀裂の正当なるや否やを鋭く追究せんがためにのみ、あえて暴力の問題をここにとりあげる。もし、抑圧的社会を単に反対のインフォーメイションだけで打倒しうる可能性があるというのなら、また、寛容にふるまいうる可能性があるというのなら、さらにまた、先進諸国とその役割を明確に指示しうる可能性があるというのなら、その亀裂を追究することは、まさに正鵠をえたことであろう。主観性の役割は今日、かつてのマルクスの理論より、よりいっそう強調されねばならないというドゥチュケ氏の主張を、これはこれとして承認したとしても。以上のような意味で、あなたの理論では、媒介構造と行動主義との間の亀裂が果たして存在しないと言えるだろうか。つまり、解放された新しい社会の実現を待望することと、あなたの下された診断の結果との間に矛盾が果たして存在しないと言えるだろうか。

マルクーゼ　いささか弁解がましいことを言わせてもらうなら、私自身、その亀裂を容認しているなどと、とっていただきたくないということである。その間の事情は、むしろこうなのだ。つまり、現状を観察するかぎり、確かに私は、自由な社会についての概念を、現行体制の断乎とした否定としてしか考え得ないということである。だが、一般に人は、この断乎とした否定というものを、新しい衣服の古いつぎはぎ以外の何ものでもないとは理解していない。それゆえ、私は亀裂を強調してきたのだ。それも再びまったく、古典的マルクス主義的意味において強調してきたのだ。そこに、私は何ら論理的に不斉合なものはないと思う。ところで、あなたの質問が問題としていた点、つまり、いかにしてそのような亀裂が生ずるのか、その亀裂のあとにいかにして解放への新しい諸要求が生ずるのか、という点については、それこそまさにあなたと討議したいと思っていたものだったのである。あなたはつまるところ、次のようにおっしゃりたいのであろう——そして私もまたそのことをこれまで幾度となく問題にしてきているのだが——。というのは、すべてのことがうまくいって、この新しい諸要求が、今現に生きている人たちにすぐにもとりあげられるなどということがあるとしたら、すべての現行社会はたちどころに、諸要求がそのような形でとりあげられることに反対するであろう、ということである。これこそ、われわれが真剣にとりくんでみなければならぬ問題である。そしてまた、これは同時に、新しい諸要求の成立が、一般に現行体制のラディカルな発展とみなされうるかどうかという問題であり、この諸要求を解放するにあたって、プロレタリアート独裁というあのマルクスの言ったものとはまったく異なった新しい独裁が、理念として再び立ち現われてこないかどうかという問題でもある。ここで言う独裁とは、現行管理体制が恐怖で維持拡大してきたものを排除する独裁、言うならば反管理主義の独裁である。まことにこれは、私を極度に不安ならしめている事態の一つであり、われわれが真剣に討論してみなければならない事態の一つである。

質問　私は現行社会によって抑圧されたくないので、現行社会との質的差異性を示すスキャンダルに対して、私は私の体験上、次のような態度をとっていると述べておきたい。というのは、報酬と抑圧の支配的体制を爆破するためにだが、私は、私が取得しうるものを報酬としてもちろん手に入れる。しかし、それは現行体制の意義からみて、有用なことをしたからというのでは決してない。ただ私は、有用であるという意味での強制労働から離れたものだけをするのだ。多分、私の言っていることは、美的―エロス的次元においてならはるかに容易に遂行されよう。いや、それは二、三の特殊現象ではあるが今日すでに存在さえしている。例えば、ビート、アングラ、アメリカのポップ運動といった一種の文化がそれである。われわれにとってこの問題は、労働ないし既成の法秩序という非常に抑圧的状況下にあって、極めて困難な内容を含んでいる。この点に関する私の質問、ないし私が討論したいと思う問題は、次のようなものである。というのはつまり、既成の法秩序を再びでっちあげるなどという意図をもたない、例えば、異端の法律学をいかにして実現させることができるか。ないしは、疾病の治療ということが、労働によって疾病に陥った者の労働力を再度回復させるということばかりではなく、なぜその労働によって疾病に陥ったのかを患者に自覚させ、その患者をして、他の質的に異なった労働につかせることもできるような異端の医学を、いかにして駆使することができるか、ということである。

マルクーゼ　現行体制の内で、あなたがいま異端と呼ばれたような要素が、いかにして発展せしめられるかという問題についてであるが、これについては、私は次のように述べておきたいと思う。というのは、現行社会にはなお亀裂、間隙といったものが存在しており、この間隙の中においてこそ、そのような異端的方法も実地に適用され、適用されることによって、適用された人が意味もなく犠牲になるというようなこともなく、事物そのものも事物として利用されるようになる、ということである。その種のことは可能なのだ。既にフロイトがその問題をはっきりと認め、かつてこう述懐したことがある。即ち、そもそも精神分析は、すべての患者をして革命主義者たらしめざるをえないものかも知れない、と。だが実際には残念ながらそうではない。なぜなら、人は現実には、この現行体制の枠内において事を処理せねばならないからである。精神分析は、まさにこの矛盾と対決せねばならず、医学以外の分野における諸可能性を断念せざるをえなかったのである。もちろん、精神分析のもつラディカルな諸要素を、少なくとも出来るだけ誠実に維持しようとする精神分析学者がかつて存在していたし、今日もなお存在してはいる。あるいはまた、法律学の分野なら、例えば異端的な方法、つまり現行体制に抵抗する仕方で活躍し、あるいは現行体制にはじき出されてしまった被告を弁護すべく活躍し、しかも同時に本来の弁護士業を不可能ならしめない弁護士もまた存在している。

とにかく、現行社会内部における間隙は大きく、これを徹底的に利用することこそ、今日最も重要な課題の一つなのである。

質問　ベトコンが自由に対してヴァイタリティーにあふれた要求をいだいているとしても、それは決して新しい要求ではないと思う。それは中世時代に求められたものなのだ。ベトコンの求める自由への要求と、ここで問題にしている新しいヴァイタリティーにあふれた要求との間には、次のような事態をもたらすほどの大きな差異がある。というのは、両者の自由の関係はそんなに堅いものではなく、あなたが感覚的なもの（Sensitivität）と名づけられた、新しい要求、少なくとも大都市において、美的——エロス的に展開される新しい要求は、第三世界の古典的革命運動を支援するに際しては、むしろ抑制されざるをえない、ということである。もし、われわれが、本当に実存的に、第三世界の闘争へ支援に赴くというのであれば、われわれは、美的感覚を組織化するなどという困難な努力を、さらに続行することなど多分不可能になるであろう。私は、少なくともここに、個々人に対して決断をせまる問題点があるものと思う。

マルクーゼ　いや、第三世界における闘争と連帯することの中に、新しい人間学への第一歩があるのだと思う。高度工業諸国に立ち現われてきているような新しい要求は、もちろん、第三世界において新しい要求として現われてきているのではない。あそこでは、現に起こっている事態に対する自発的反抗として現われてきている。

質問　社会革命運動において決定権を握るのは、どうも私には、非常に古い要求のように思われるのだが。したがって、このような要求を、新しい革命の衝動力として取りあげようという意見には、どうも、賛成しかねる。北ベトナムは工業化しなければならない国である。北ベトナムの工業化は、ある原則、つまり一種の抑圧原則によってなされるだろう。そこではわれわれの考えていることとは、まったく逆のことが要請されている。北ベトナムのような後進国の工業化という問題の中には、いわゆる奢侈への欲望という契機が含まれてはいないだろうか。

マルクーゼ　だが、自由を求める要求というものは、単に大都市にだけ許された奢侈ではないはずだ。後進国の社会革命において、古い要求ではあれ、自発的に起こってくる自由を求める要求は、既に資本主義世界の中では死に絶えてしまっているのだ。平和裡に、ある生活水準に到達しているわれわれの社会において、革命について思考をめぐらすなどということは、まず狂気の沙汰のように見える。なぜなら、われわれは、われわれの欲するすべてのものを持っているからである。それゆえ、ここでは意欲自身を変えることが問題となる。なぜなら、現在意欲されているものは、もはやただちに満たされる状態になっているゆえに、意欲の名に値いしないからである。以上の意味において、確かに大都市で問題となっているものは、ベトナムで問題となっているものとは違う。だが、両者の連帯は決して不可能ではないのだ。

質問　支配のテクノクラシーが、支配自体を掘り崩すというテーゼについて。その意味は、ビューロクラシーやその機構それ自体が、己れの掘り崩しを誘発するということなのか。それとも、ビューロクラシーやその機構は、掘り崩されるべく挑発を受けなければならないということなのか。後者の意味を更に敷衍するなら、ビューロクラシーの持つ矛盾が、いかにビューロクラシーの無意味さを示しているかということを、教育過程で教えこめとでも言われるのか。それとも、ファシズム的テロルが脅かしているのだから、あるいは、現下の体制（Status quo）は脅かされてしかるべきではあるが、その可能性がないのだから、ビューロクラシーに対するそのような挑発をかけられないということなのか。それとも、社会全般に新しい客観的傾向が貫徹し始めており、したがって、古典マルクス主義的危機理論は疑問視されるに到ったとでも言われるのか。

マルクーゼ　あなたが後半で述べられたことは、私の見解ではない。なぜなら、現下の体制は断じて攻撃されねばならぬものだからである。だが、これをもってすれば、現下の体制を脅かすことができるなどという、論議を今することはできない。支配のテクノクラシーということの意味は、もしわれわれがテクノクラシーの過程を根本にいたるまで合理的に考えるなら、それはとうてい、現下の資本主義的諸制度と結びつくものではない、ということである。そしてまた、テクノクラシーの過程を根本的に考えるなら、常に搾取と疎外された労働の上に基づいている支配自体は、その基礎を当然潜在的にもせよ失わざるをえないだろう。もし、生産過程において、肉体的労働力を搾取する必要がなくなるというのであれば、支配の諸条件は存立しえなくなってしまうはずだからだ。

質問　私の理解する限りで言えば、社会主義と無政府主義との合成理論の中には、労働の問題について、二つの異なった立場が混在しているように思われるが。簡単に言うと、こういうことだろうと思う。つまり、一方の理論は労働一般を破棄しようとするものであり、他方の理論は苦痛な労働から労働を解放しようとするだけのものである。両者の尖鋭な理論的対決は社会主義と無政府主義に集約されるというだけではなく、両者の間には驚くべき決定的差異がひそんでいるのである。あなたが、どちらの立場をとられるのか、それとも単純にはどちらとも決めかねると言っておられるのか、私には解らなかった。あなたの講演では、苦痛な労働からの解放よりも労働の廃棄の方を主張されているかと思えば、その逆のことを述べておられるようにもとれる。労働が遊びと合致することだと、マルクスが折にふれて述べたり、己れの著書の中でつけたし的に書きそえたりしているからといって、この問題がそう簡単に解決されるとは思わない。あなたが、この問題をどう解決されるのか、私にはたいへん興味のあるところである。労働はある意味で、つまり常に限定された意味で、人間存在の意味内容をなすというのが、マルクスのみならず、ヘーゲルもまた信じていたことであった。これらの事実を考慮してあなたはどう言おうとされるのか、現状においてこの問題をどう解決すべきなのか。

マルクーゼ　「労働の廃棄」と「疎外された労働の廃棄」との間の用語の使いわけに、私は若干混乱していたようである。というのは、従来、用語の使い方として、労働はとりもなおさず疎外された労働と等置されてきたからである。私が混乱したのは、このためである。もちろん、労働そのものが放棄されてしまうようなことはありえない。労働そのものを放棄してしまうことは、マルクスが人間と自然との間の物質代謝と名づけたことに反することになるだろう。自然をコントロールし、支配し、変質せしめること、つまり、労働によって人間存在を変革して行くことは不可避的なことなのだ。確かに、このようなユートピア的仮説で述べられる労働は、現にある労働、いや明日あるであろう労働とも異なったものではあるが、労働と遊びが収斂し合うことは決して不可能ではないのだ。

質問　第三世界においては、搾取者や侵略者に対して、当然のことながら憎悪が高まりつつある。ところで、このような憎悪を革命的に物象化（Verdinglichung）して行く過程は、大都市における拒否の姿勢を組織して行く過程と、弁証法的同一性を持っているのだろうか。ということは、体制に対する組織された拒否である大都市の闘争は、憎悪を革命的に物象化してゆくような闘争とは異質なものではないのかということでもある。大都市における革命は、憎悪感なしであらねばならないのか。大都市の革命は、第三世界のこのような特殊な犠牲（憎悪の物象化）なしで、ありうるだろうか。大都市と第三世界との闘争を結びつけることは、犠牲と苦悩を共にすることではないのだろうか。革命的物象化というものは必然的なものかも知れない。例えばラテン・アメリカやベトナムにおいて、個々人の憎悪が直接搾取者に向かうこと、つまり、寡頭独占の代弁者、アメリカ侵略軍、という直接的搾取者に向かうことは必然的なことかも知れない。だが、その場合、憎悪の中にヒューマニズム的解放的要素が見失われてしまう危険性はないだろうか。その危険性は、激烈な戦闘にそなえて軍事力がいや増しに増大される過程にみられる。というのは、攻撃者、ないしは革命主義者にとって、他者、即ち敵は、いささかも人間として認められていないからである。このように革命においておよそみられる必然的物象化現象は、闘争の中で解決されるものなのだろうか。それとも、それは革命終結の後に初めて解決されるものなのだろうか。

マルクーゼ これは大変な質問だ。私は思うのだが、まず第一に、搾取や抑圧自体に対する憎悪は人間的なものであり、ヒューマニズム的なものではないだろうか。次に、革命運動の過程に憎悪が生まれるのは当り前のことである。憎悪なくして、革命は一般にありえないし、解放などということもありえない。憎悪が徹底的に固定化され、制度化されている世界にあって、「汝の敵を憎むなかれ」などという愛のお説教を聞くことほど疎《うと》ましいことはない。革命運動の過程で、この憎悪が残虐性、野蛮性、テロルに転化することは、もちろんありうることである。両者の境界というものは、極めて流動的なものなのだ。この件について私が言えることは、憎悪が残虐性に転化することのないよう極力努力することだ、ということだけである。そして、野蛮性や残虐性は抑圧体制特有のものであって、解放闘争においては、憎悪が野蛮性や残虐性に転化することなどあってはならない、ということである。耳をそいだり、足を折ったり、拷問にかけたりせずして、敵を打倒せねばならないのだ。

質問 あなたの主張を聞いていると、あなたは、調和の原則（Harmonieprinzip）に基づいた社会建設を目指しておられるような印象を受ける。しかも、その原則はリベラリズム的調和のモデルではなく、あなたの基準に合った調和の原則であるように思われる。あなたは、公共の利益を目指している現行社会を否定した社会を目指しておられる。なぜなら、公共の利益などというものは、本質的に見れば、寛容さやプルーラリズムの機能する余地を許さないからである、と。しかし、公共の利益というものの内容を、マイナスの価値、現状肯定的価値しか持っていないと、あなたが今夜のべられたように定義する者がいるだろうか。新しい社会についての批評家として、あるいは学者として、あなたは、新しい社会の持つ新しい価値を誤認されてはおられまいか。あなたは、新しい社会の中での闘争を予見しておられない。またあなたは、相争う闘争を和解させてしまうメカニズムを、新しい社会といえども持っているだろうということを、予見してはおられない。あなたはただ、前にあなたが述べられた否定の原則に基づく社会の創設が可能である、と仮定しておられるだけなのではあるまいか。だが、その構想には相当に無理があることを、あなた自身よく知っておられる。私は、あなたによって展開されたモデルを、ユートピア的モデルと呼びたい。なぜなら、私はあなたのモデルを実現可能なものとは思わないからである。その上、私はあなたのモデルを、基本的にデモクラティックなものとは思わない、という批判をつけ加えておきたい。なぜなら、あなた自身、ある保留をつけて、次のように言っておられるからである。つまり、この新しい社会、あるいは現行社会と断絶する瞬間の時点においては、独裁ないし独裁に類似したものが展開せざるをえないかも知れない、と。これは、なるほどマルクスの述べた独裁とは質的に異なるものかも知れないが、だが反管理機構（Gegenadministration）としてやはり独裁的性格をもつものなのである。ところで、あなたが、何か独裁的なものを制度化し、寛容の原則を縮小されるというのは、どうも私には解らないところなのだが、一体どうして、あなたはそのような非ユートピア的社会を建設されようというのか。そしてまた、結局のところはやはりノーマルな原則に基づくことになるはずのそのような社会を、基本的にデモクラティックなものと見なすことができるのかどうか、お尋ねしたい。

マルクーゼ　自由な社会というものは、寛容さがなければ考えられないような社会ではない。自由な社会というものは、寛容さを必要としないのである。なぜなら、自由な社会とは、どっちみち自由なのであって、寛容などということをお説教される必要はなく、ましてや寛容さを制度化することなど、さらさら必要がないからである。それは、闘争のない社会などではない……それは、あるいはユートピア的理念にすぎないと言われるかも知れない。だが、闘争はあっても、それが抑圧なき闘争、残虐性なき闘争に解消されうるような社会理念は、私の考えによれば、決してユートピア的なものではないのである。次に、デモクラシーの概念について。これは確かに極めて重大な問題である。もし、このデモクラシーについて私の考えを一言で言うなら、私以上にデモクラシーを賛美する者は、おそらくいないのではあるまいか、ということである。ただ私が異議をとなえたいのは、次の事実についてなのである。というのは、現行社会のいかなるところにも、確かに名目上はデモクラティックと言われているところにおいてさえ、デモクラシーが成り立っていない、ということである。デモクラシーが成り立っているように見えるのは、何か非常に制限されたもの、幻想的なものとしてであり、あるいは、デモクラシーの貫徹された形態とは、似ても似つかぬものとしてである。ということはとりも直さず、デモクラシー一般の真の条件は、あくまでも闘って創り出さねばならないということなのである。第三に独裁の問題について。私が暗に提示してきたのは、一つの問題提起であったのだ。ほとんど社会の全般におよぶある信条の固定化、および統制の浸透化の状態が、なにか改良的方法によって緩和されうるものかどうか、私にはよくわからない。しかし、そのような状態は何らかの方法で動揺を起こさせねばならないということ、抑圧者自身は残念ながら己れみずからを抑圧してはいないゆえに、抑圧者は何らかの方法で抑圧されねばならないということ、以上のことは少なくとも私にさえ不可避的なことのように思われる。

質問　あなたの今日の講演の中心には、あるテーゼがあるように私には思われた。そのテーゼとは、社会の変革には要求の変革が先行しなければならない、ということである。ところで、この点について、私はマルクスのフォイエルバッハに関するテーゼを思い出す。そのテーゼの一つにこういうのがあった。即ち、人間とは社会的関係の総和である、と。これは、まさにあなたがあなたの著書『一元的人間』の中で典型的に確認されたテーゼである。このテーゼから次のような結論が導き出せるように思われる。つまり、今日現にある要求を成り立たせているメカニズムを断ち切ってこそ、始めて変革された要求が成立する、ということである。私には、あなたの今日の講演が、革命よりも啓蒙の方に力点をずらしてなされたように思われる。

マルクーゼ　あなたは、問題の一番むずかしい点を、残念ながらあまりにも簡単に解決されてしまったようだ。あなたの異議は、新しい革命的要求を発展させるためには、まず第一に、古い要求を再生産するメカニズムを断ち切らねばならない、ということである。だが、古い要求を再生産するメカニズムを断ち切るためには、まず第一に、古い要求を断ち切る要求がある。ここにあるのは、まさに循環論法である。この循環論法からどうやって抜け出すのか、私にはまだよく解らない。

質問　擬ユートピア（Scheinutopie）即ち、幻覚と、真のユートピアとを区別することは、いかにして可能か。例えば、支配そのものを排除する問題について。この支配そのものを排除するということは、社会がまだ未成熟なために、結局のところ今もってありえないことなのか、それとも、そんなことは生物学的次元からして不可能なことなのか。もし誰か、後者の場合を信じて疑わない者があるとしたら、あなたは、彼が間違っていると、どうして証明することができるのか。

マルクーゼ　支配の排除が、生物学的次元からして不可能だということが逆に証明できたなら、支配を排除するなどという考え方がユートピア的であることを認めよう。これまで、そのような証明がなされたとは、私は聞いていない。多分、生物学的に不可能だという主張は、何らかの抑圧なしではやって行けないということであろう。抑圧は己れみずからによって加えられるかも知れないし、他者によって加えられるかも知れない。だが、それは支配とは同一のものではないのだ。既に、マルクス主義理論の成立よりはるか以前に、合理的権威と合理的支配との特徴が示されてきている。例えば、航空機の機長は合理的支配者である。機長がなさねばならぬことを、乗客が機長に命ずるというような状態は、考えることができない。さらに交通巡査は合理的権威の典型的な例とみなされてよいかも知れない。これらの事例にみられる権威と支配は、多分、生物学的にも必然的なものである。しかし、政治的支配、搾取に基づく支配、抑圧に基づく支配は、その限りではない。

質問　あなたのおっしゃることを私なりに理解すれば、現行権力機構と、かの美的―エロス的要求を代表する集団との間には、非常に大きなひらきがあるように思われる。まず最初に、この点から問題を展開させなければならないだろう。あなたは、主観的活動の役割を新しく規定することの重要さを主張された。これが第二の問題点である。あなたは、学生にのみならず、学者にもまた大きな意義を与えられた。これが第三の問題点である。ところで、現状のような制度化された権力機構自体の中における、極めて進展した工業とその下で働く労働者にとっては、たとえ疎外された形ではあれ、労働と遊びの相互浸透ということは起こりえているのではあるまいか。したがって、もし私が、ファンタジーで、あるいはテクノロジーの要請にも答えられる想像力で、何か遊びの計画、ある娯楽を考えだしたとしたら、その「幸福感」の中にだけでも、非常に遊びの要素があるのではあるまいか。ゲームの理論がこれであろう。あなたはこの可能性をどう思われるのか。二、三のフランスの批評家、例えばマレなども、疎外された形ではあれ、労働と遊びとのこのような相互浸透が、生産自体の目的合理的な過程において、権力機構の決定的立場を拒否するものであることを認めている。あなたは、このような可能性一般をどのように評価しておられるのか。

マルクーゼ　マレの言う技術者の評価について私が反対したのは、この集団は今日まさに高額所得者であって、体制の用益者となっているからである。労働と遊びとの相互浸透を真に可能ならしめるためには、意識のみならず、状況の全体的変革が起こらなければならないだろう。第二に私が反対しなければならないのは、この技術者集団だけが、潜在的な変革への力であると考えられる限り、その革命はテクノクラシー的革命に行きつくだけだろうということ、即ちテクノクラシー万能という、後期資本主義の積極化に行きつくだけだろうということである。このような社会は、われわれが自由な社会として理解しているものとは、まったく違ったものである。

質問　再び新しい人間学の問題について。さきほど、これは新しい要求に基づくものか、古い要求に基づくものかについて、質問があった。しかし、それはさほど重要な問題ではない。問題は、たとえ生物学的次元のものを含もうとも、常にヴァイタリティーにあふれるものであったその要求が、本当に自由を求めるものであるのかどうか、ということである。それとも、そんな要求は革命過程において、解放の目的や革命のための手段にしかすぎないと考えられるだけのものなら、むしろ押さえつけられなければならぬものではないか、ということでもある。つまり、問題は、自由を求めるヴァイタリティーにあふれる要求が、例えば空腹を満たしたいというような要求と区別されうるものかどうか、ということである。というのは、空腹を満たしたいというような要求は、自由を求めるヴァイタリティーにあふれる要求より、より以上に物質的、生物学的な構造をもっているからである。したがって、私は、真に解放を求める要求が物質的なものに置き換えられるかどうか、という問題をもう一度持ち出してみなければならない。幸福、平和、自由などを求める要求のごとく、解放を求める要求は、直接的物質的ヴァイタリティー以上のものなのである。もしそのような自由を求める要求が、革命の過程において、感覚的に明白なもの、可視的なものとなるはずのものならば、それは当然、ある程度まで人間の動物性の定義にまで入って行かねばならないとは思われる。要するに、かつてマルクスが初期の著作において、疎外を定義したその時点まで下りて行かねばならないだろう、ということである。マルクスの初期の著作において、疎外とはもともと感覚的享受（Genuß）を抽象化したものなのである。個々人は己れの生産物の享受から疎外されている。マルクスの言に従うならば、感覚的動物性から疎外されているということなのである。したがって、感覚的動物性からの疎外、つまり感覚的動物性を抽象化するということは、個々人を動物の状態におとしめることになる。このことは、感覚的動物性を抽象化すれば、とりも直さず人間を動物化（Bestialisierung）することになるのだ、ということを意味している。したがって、それ自体直接的な意味においては物質的要求、肉体的なもの（Leiblichkeit）――この肉体的なものという言葉を私は特に強調し、しかも存在論的な意味で使うのだが——ではない平和、自由、幸福などを求める要求が、いかにして物質的なものに置き換えられうるか、それを提示しなければならないだろう。二つの要求の間には、特に重要な種差（diffrentia spezifica）があると私は思っている。そして、この点については、まだあなたから説明を受けていないのだが……

マルクーゼ　生物学的次元でのヴァイタリティーにあふれる要求をも含んだ、自由を求める要求について。これは、物質的に置き換えられる必要がない、と申し上げておこう。なぜなら、そのような要求は既に物質的な要求だからである。自由を求める要求は、今日例えば、国防義務のためなどに人間を動員することが、もはやできなくなっている、という事実のうちに示されているといってよいだろう。そのような要求は、物質的に置き換えられる必要はなく、それ自体が物質的要求なのではあるまいか。つまり、自由を求める要求は、とりも直さず、私がほのめかしておいた物質的要求と結びついているのである。

質問　再び亀裂の問題について。あなたが述べられた亀裂は、ある間隙を前提にしている。この間隙は、今日の後期資本主義社会のいたるところに存在しているように思われる。例えば、この社会がたどりついた膨大な生産力と、必要もないのにまだ残っている暴力的抑圧との間に、間隙がみられるごとくである。本来なら、必然の王国は、現在たどりついたこの膨大な生産力によって、抑圧などを排除しうるはずなのである。しかし他方、このような間隙は、現体制に亀裂を生じさせるためには、まだ不十分のようにも思われる。むしろ、このような間隙は、非暴力的方法、デモクラティックな方法によって、現行社会を何とかして維持しようとするのに役立っているだけなのである。問題はまず第一にこうなのではあるまいか。つまり、この間隙がひろがり、やがて現行社会に亀裂が起こってくるのを、いつわれわれは確認することができるかということである。それとも、このような亀裂は、実際に亀裂とわかるまで、ゆっくりとひろがる間隙のままでいるのだろうか。いずれにせよ、このような亀裂が顕在化して始めて、いわゆるユートピアを終焉せしめる可能性が生じてくるのであり、他方、あなたの言うユートピアを実現させる真の可能性が生じてくるのではあるまいか。とにかく、われわれは現在、このユートピアを実現させるために、物質的な諸前提、つまり生産力は十分に持っているが、主観的動因はまだ持っていないという事実から出発しなければならない。というのは、ユートピアをあくまでも終焉せしめず、現行社会一般に穴をうがつことができるかどうかという可能性を、客観的に把握しているのは、ごくわずかの集団しかいないからである。いかにして、それは遂行されうるのか。いつその時期がやってくるのか。いかにして、この少数集団は、ユートピアを終焉せしめることなく、この社会の中で活動することができるのか。

マルクーゼ　私は、そのような間隙のひろがりを、例えば、現体制の発展の中に露呈されるあるシンボリックな事実やら、事件やらのうちに認める、と申しあげておこう。例えば、ベトナム戦争はいま強いられて終結に向かっているが、これなぞ、現行社会にひそむ間隙が著しくひろがっているよい例であるだろう。

質問　新しい人間学の問題について。この新しい人間学は、その代表例を既に第三世界にもっている。即ち、ファノンがその一人である。彼は言っている、「この地上に全体的人間像を樹立するのだ」と。ゲバラもその一人である。彼も言っている、「われわれは二一世紀の人間像をうち立てるのだ」と。あなたは、新しい人間学の理念を、これら二人の証言とどのように結びつけるのか、お尋ねしたい。

マルクーゼ　そう、私は敢えてその点については言及しなかった。しかし、ファノンやゲバラについて、あなたはかなりご存じのようだから、ここで私は次のように申しあげるだけにしておこう。というのは、第三世界における解放戦争のあれこれ、また第三世界発展の方法のあれこれにおいて、この新しい人間学の実例は既に示されているということを、たとえ私が認めないと言ったところで、実際その実例が現存しているということである。実のところ、私は北ベトナムに関する報道で読んだ短いニュース以上に、ファノンやゲバラについて言及することはできない。私は、まったくかたくななほどまでのセンティメンタルなロマン主義者であるので、このニュースには、大いなる感銘を受けた。それは非常に詳細な報道であったが、その中で、特にハノイの公園においてあるベンチが特に大きく作られているというニュースがあった。それは特に、あの二人のために席を空けておくためであるという。そこでは、あの二人以外のいかなる者も、現体制を破壊する技術的可能性を持ち合せていないからである。

学生反乱の目標、形態、展望

あらゆる抵抗運動は、今日、グローバルな視野から考察されねばならないのであって、初めから孤立した現象としてみるなら、それは間違いであるだろう。そのようなわけで、私はグローバルな視野からみた抵抗運動、特にアメリカの例についてお話しし、あなた方と討論してみたく思っている。ご存じのように、私は今日の学生反乱を、現世界における決定的な要素であるとみなしている。もちろん、だからといって、人が非難しているように、私は学生反乱がそのまま革命的勢力であるなどと思っているわけではない。ただ私としては、学生反乱のなかに、いつかは革命的勢力になりうるもっとも強力な要素の一つをみているということだけは確かである。それゆえ、各国におけるもろもろの学生反乱の間に調整をはかることは、現時点において、戦略上極めて重大な必要条件の一つである。アメリカにおける学生反乱と、ここヨーロッパにおける学生反乱との間には、今、何の関係もありはしない。いや、アメリカにおけるもろもろの学生反乱の間においてすら、現実的な中央組織は存在していないのである。それゆえ、われわれはそのような組織の確立に意を用いなければならないだろう。今日、ここで私のお話しするテーマの大部分については、アメリカの例が引きあいに出されるはずだが、それも以上のごとき組織の確立のためにこそ、お話しするのである。さて、アメリカにおける学生抵抗運動は、一般にニューレフトと呼ばれている大きな抵抗運動の一つである。私は、ここで、旧左翼とニューレフトを分かつ区別は何かということを、明確にあなた方に提示することから話しを始めなければなるまい。

まず第一に、ニューレフトは、二、三の例外的小グループを除いて、正統的マルクス主義、ないしは社会主義ではない。ニューレフトの特徴は、あらゆるイデオロギーに対する深い不信である。そう、社会主義的イデオロギーに対してすら同じことなのだ。この社会主義的イデオロギーとやらには、われわれはどれほど信じては裏切られ、絶望を重ねてきたことか。その上、ニューレフトは――再び言うが二、三の例外的小グループを除いて――労働者階級を決して革命的階級とは見なしていない。さらに言うなら、ニューレフト一般自体も、決して階級的なものとは見なしえないだろう。ニューレフトは、インテリゲンチャ、市民権運動グループ、青年たち、特に一見まったく政治的には見えない青年たちのラディカルな部分、いわゆるヒッピーたちなどによって構成されている。このヒッピーについては、なお後ほど言及してみたいと思っている。そのうえ面白いことには、この運動の代弁者は、決して伝統的な政治家などではなく、詩人などといったむしろうさんくさい人物なのである。その例として、ここではアレン・ギーンスバークだけを挙げておこう。彼は、アメリカ・ニューレフトに政治的にも実際大きな影響力をもっているのだ。このようなニューレフトの大体の輪郭を思い浮べてみるなら、それは、オールド・マルクス主義者にとっていかに許し難いものと映っているかが解るであろう。ここにわれわれは、マルクス主義における古典的革命勢力とは何の関係もない抵抗運動をまのあたりにしているのである。これは、オールド・マルクス主義者にとって許し難いものかもしれないが、現実の動きとはぴったり即応した勢力なのだ。このような情勢の下にある異端の抵抗運動は、そもそも一見民主的だが、その実、権威主義的に運営されている社会に対するまじめな反省のあらわれであると思う。一見民主的だが、その実、権威主義的な社会とは、私がこれまで論じてきた表現を使えば、「一元的社会」のことであり、その主な特徴は、非常に物質的、現実的な地盤にしがみついている被支配階層を統合している社会のことである。その地盤たるや、制御され、満足させられている諸要求を支えているものであり、この諸要求はまたそれ自身の中で、独占資本主義によって——制御され、抑圧された意識を再生産するのである。このような情勢の結果は、ラディカルな変革への客観的必然性がますます燃えさかるにも拘らず、主観的必然性はいっこうに燃えあがらないということになる。したがって、このような情勢の下では、抵抗運動は再び現体制内部のアウトサイダーのもの、即ち、非特権階層（Unterprivilegierten）のものとならざるをえない。この高度発展段階の後期資本主義は、彼らのヴァイタリティーにあふれた諸要求を満足せしめえないし、それは将来ともに不可能であるだろう。ところで他方、この抵抗運動は、現行社会のもう一方の極、つまり特権階層（Privilegierten）のものともなる。彼らの意識や本能は、まさに社会的制御装置を打ち破り、その装置を拒否することができるからである。私の言っている現行社会の特権階層とは、その階層の占める地位おおよびその教養のしからしめるところにより、諸事実へのアプローチ――アプローチとはいえ、その実たいへんむずかしいことなのだが――、諸事実の全体的関連へのアプローチが可能であるような階層（後ほど示すが、知識人階層）のことを指す。それはまた、いわゆる過剰社会が一方では犠牲を生み出してゆくという、不断に尖鋭化してゆく矛盾、およびその高い代償を十分に知っており意識化している階層のことである。それゆえ、現下の抵抗運動は現行社会の二つの極において起こっていると言える。次に、この二つの極についてごく簡単に述べてみたい。

一、非特権階層。アメリカにおいて、彼らは特に民族的少数者、人種的少数者である。もちろん、彼らは政治的にはまだ未組織状態であり、悪いことに彼らはしばしば敵対し合ってさえいる（例えば、大都市における黒人、プエルトリコ人の間には、ゆゆしい反目が介在している）。ところで、生産過程に重要な位置を占めない階層を、ここで非特権階層と呼んでおきたい。そのような階層は、マルクス主義理論の諸概念にてらしてみれば、生産過程にタッチしないという理由で――少なくともそう簡単には理由づけられないはずなのだが――、潜在的な革命勢力とは見なされていないのである。だが、グローバルな視野から見るなら、現体制の全部の重みを担わねばならないこの非特権階層は、第三世界における新植民地主義と闘う民族解放闘争支援の大衆的地盤をなしているのだ。だが再び言うが、資本主義社会下の大都市における民族的、人種的少数者と、第三世界の新植民地主義下にあって資本主義との闘争に立ちあがっている大衆との間には、残念ながら、まったく有効な結びつきがない。これらの大衆は、多分、新しいプロレタリアートと見なしうるものであって、私見によれば、そのような大衆は今日、資本主義の世界体制にとって大いなる脅威となっている。今日のヨーロッパにおける労働者階級を、どの程度、非特権階層というグループに入れることができるかということは、別に論じてみなければならぬ問題である。今日お話ししなければならぬ範囲にかぎって言うなら、ヨーロッパにおける労働者階級は決して非特権階層ではない。だが、それにも拘らず、次のことだけは念頭に入れておかねばなるまい。というのは、アメリカにおける労働者階級について言えることは、彼らの大部分が体制内に統合されてしまっていて、ラディカルな変革を求める要求などはいささかも持ち合わせていないということであり、これに比べたならヨーロッパの労働者階級はかつてそれほどまでに堕落したことはないし、これからもそうであろう、ということである。

二、特権階層。今日、後期資本主義に抗して立ちあがっているこの第二のグループについては、更に二つに分けて考えてみなければなるまい。まず第一に、技術者、専門家、学者等から構成されていて、物質的生産過程――たとえ特殊な持ち場を担っているにすぎぬとしても――にたずさわっている、いわゆる新労働者階級を考察してみよう。このグループは、重要な持ち場を担っているという理由から、実際客観的に変革を望む勢力の中核であると見なされている。だが同時に、このグループは今日、現体制の寵児であり、意識的にも現体制に癒着している。したがって、少なくとも「新労働者階級」という表現を使うのは時期尚早である。そして第二に学生反乱である。私は、今日、もっぱらこの問題についてお話しすることになろう。しかも、この問題をひろくとり、いわゆるドロップ・アウト（授業ボイコット）まで含めてお話ししたい。私の見る限り、アメリカの学生反乱とドイツの学生反乱との間にもまた大きな差がある。アメリカにおいて活発な抵抗運動にたずさわっている学生の多くは、学生であることを返上して、もっぱら運動にたずさわっている。これを専従活動と呼んでよいであろう。ここに危険性がひそんでいるし、いや多分長所もあるといってもいい。この学生反乱はどこに行こうとするのか。一般的に言って、この抵抗運動の孕む問題は三つのカテゴリーに分けて考えることができる。その一つは、先に述べたように、この抵抗運動はどこへ行こうとするのかということであり、その二つは、この抵抗運動の形態はどんなものかということであり、その三つは、この抵抗運動の展望はどうかということである。

まず第一に、この抵抗運動はどこへ行こうとするのか、という問題について。この問題は特に真剣にとりあげてみる必要がある。なぜなら、ここで問題となっているのは、いわゆる民主的な、見事に機能的な社会、つまり、少なくとも正常であり、テロリズムなどによって動かされはしない社会に対する抵抗運動であるからである。またこの抵抗運動は――アメリカの場合がまったくそうなのだが――労働者階級を含めた、国民大多数に対する抵抗なのであり、現体制のいわゆる生き方全部に対する抵抗なのである。あるいはこう言いかえてもいい、つまり、それは抑圧に対する抵抗、現体制の隅々にまで浸透している抑圧に対する抵抗なのである、と。この現体制たるや、抑圧的破壊的生産性によって、すべてのものを、いよいよますます非人間的に商品へとおとしめてしまうのであり、その商品の購買と販売だけがわれわれの生の営みとなり、生の内容となるのだ。そしてまたこの抵抗運動は、大都市の外側で引きおこされている（体制側の大規模な）テロリズムに対しても抵抗する運動なのである。したがって、現体制に対するこのような抵抗運動は、まず市民権運動によって、次にベトナム戦争によって口火を切られ、発展してきている。学生たちは、黒人の選挙権獲得を助勢するため、市民権獲得運動行進に加わり、北部から南部へと歩き続けた。彼らはそこで初めて見たのである。この自由にして民主的といわれている体制が、そこ南部ではどのような相貌を呈しているのかを。そこでは大地主が、黒人に対して殺人、リンチを加えても、なんら罰せられずにいるのだ。たとえ加害者が明白に解っていてもである。学生たちにとって、それはまさに外傷性的経験であった。かくて、学生、インテリゲンチャの政治的高揚がアメリカ全般にもたらされることになる。次に、この抵抗運動はベトナム戦争によって逆に激化されることになった。ベトナム戦争は、学生の面前に、始めて現行社会の本質——この社会に内在する膨張と攻撃の必然性および国際的規模での侵略競争の野獣性——を暴露してしまったのだ。

ここで、ベトナム戦争が帝国主義戦争かどうか、といった問題を論ずべき時間は、残念ながら私には与えられていない。だがこれは再度とりあげらるべき問題であるので、簡単に補足しておきたい。もし、アメリカがベトナムに投資しようとして戦争を押し進める、などといったふうに、帝国主義を旧い意味で理解するなら、ベトナム戦争は決して帝国主義戦争ではない。帝国主義についてのこの狭義の概念が、たとえ今日再び切実なものとなっているにしてもである。例えば、一九六七年七月七日の『ニューズウィーク』を読んでいただきたい。ベトナムにおいては、今日すでに二百億ドルのビジネスが問題になっているのだ。ここで、帝国主義についての新しい解釈がどこまで適用されるのかについて、われわれは敢えて穿さくする必要もあるまい。そのことについては、アメリカ政府の有力なスポークスマン自身が語っている。世界の戦略的経済的最重要地域の一つが、共産側の支配下に入らないように、というのがベトナム戦争の目標なのだ。したがってベトナムでは、世界の隅々における民族解放のためのあらゆる試みに対して、決定的な挑戦が行なわれているといっていい。ベトナム解放戦争の勝利は、世界の他の地域におけるもろもろの解放戦争の高揚に、さらには実際膨大な投資が行なわれている大都市の闘争強化に輝かしい烽火となりうるだろう、という意味でも決定的である。この意味でも、ベトナムは決して外交政策の一事件というにとどまらず、体制全体の本質と結びついているのであって、この戦争は多分、現体制発展上の一転換点に、言うならば終焉の端緒になるであろう。というのは、ベトナムで示されていることは、人間の意志と、極めてみすぼらしい武器をまとった人間の肉体とが、いかなる時代にも考えられなかった最強力な破壊体制を追いつめている、ということだからである。これは、再び言うが、世界史的新時代《ノヴム》の始まりなのだ。

さて次に、第二の問題、抵抗運動の諸形態について論じてみよう。ここでは学生反乱をとりあげることにする。私が前から言いたかったことは、ここでは大学の政治化が問題になっているのではないということである。そんなことをしなくとも、大学は既に政治化されている。例えば、自然科学、そのうち数学のようにまったく抽象的な学問でさえ、今日いかに直接的に生産に関与し、軍事的戦略に適用されているかを考えてみただけで十分であろう。あるいはまた、自然科学、社会学、心理学などが、どれほど支配体制の財政調査、大「基金」の調査に寄与しているか、社会学や心理学なら、それらが直接どれほど人間のコントロール、市場操作に利用されてきているか、いささかでも考えてみればよかろう。以上のような意味において、大学は既に政治的制度をとっている、ということができる。したがって、せいぜい政治化反対が問題なのであって、大学の政治化が当面の問題ではないのである。それゆえ、政治的な大学制度を積極的に中立化させることと並んで、教科プラン、学問的討論の枠内で、大学批判を行なうことが問題となる。そのようなわけで、アメリカにおける学生反乱の主要要求の一つは、教科プランの改革であり、それも、このような批判的要求を、学問的討論の枠内――アジテーションやプロパガンダとしてではなく――で完全に実現しようとはかることである。もしそれが不可能であると分かれば、ここに始めていわゆる「自由な大学」、ここドイツで言う「批判大学」が、正規の大学の外に開講されるのである。そのような「自由な大学」の例は、バークレー大学、スタンフォード大学に見ることができるし、現在では東部諸州のより有力な二、三の大学にも見ることができる。この「自由な大学」の領域では、正規の教科プランには不適当と見なされるような講義テーマをとりあげたゼミナールが開かれる。例えば、マルクス主義、精神分析、帝国主義、冷戦下における外交政策といったものがそうである。

学生反乱の他の形態はと言えば、ご存じのティーチ・イン、シット・イン、ビー・イン、ラヴ・インなどが挙げられる。ここで起こっていることについてあなた方に注意をうながしておきたいことは、この反乱形態の領域と目標が、始めに対抗的講演をもって批判的に正規の教科教育を変えて行き、終局において――少なくとも今日までは――実存的共同存在、己れ独自の実存の是認に到ろうとしているということである。それはビー・イン（be-in）――これ以外に名づけようがない――とも、ラヴ・イン（love-in）とも呼ばれている。このような抵抗運動の変遷の意味するものについて、私は後ほど一言つけ加えておきたいと思っている。なぜなら、私の意見によれば、ここにはアメリカにおける抵抗運動の重要な要素である、政治的反乱と性的―道徳的反乱との融合が見られるからである。ところで、抵抗運動のより一般的な形態としては、デモンストレーション、素手のデモンストレーションがある。そのようなデモンストレーションに、対決の姿勢を求めてもしかたがない。対決のためにだけ対決の姿勢をとっても、無意味であるばかりでなく、それは無責任でもある。対決すべき問題は現にあるのだ。それは敢えて探し求めるまでもない。対決点を探し求めるなどということは、なぜ抵抗運動を起こすかという理由を明らかにするより、むしろ不明確にしてしまうだろう。きっかけは現にあるのだ。例えば、ベトナム戦争のエスカレーションがそれであり、戦争政策の代表者の訪問がそれである。これに対して、ご存じのように、ナパーム弾や毒ガス兵器を製造している工場の前に、アメリカ式デモンストレーションの独特の形態である「ピケット線」が張られる。このようなデモンストレーションは組織されており、彼らは合法である。私がここで述べているのは、何度も言うが、アメリカの例である。だがこの例は、あなた方ドイツの場合にも適用可能であるという結論が直ちに導きだせるであろう。ところで、このようなデモンストレーションの上に、今日的用語で言うなら抵抗運動の上に、振り下ろされる制度化されそれ故正当性を主張する暴力に対する対決は、それ自体合法的であろうか。そう、その対決がいわゆる合法性の枠内にとどまっている限り、その対決は合法的でないと言うべきである。ここで少なくとも、アメリカにおける警察の役割について一言述べておかなければならない。あなた方は信じようとしないだろうが、ここにあるケースがある——これは私自身がこの眼で見たことなのだ——というのは、こともあろうに警察がデモンストレーションの味方になったというケースである。（拍手）事態がもっと悪化してくると、警察は、デモンストレーションを襲撃しようとする労働者のあらゆる工作を防衛してくれたのである。だが、もしこのデモンストレーションが、あくまでもいわゆる合法性の枠内にとどまっていたとするなら、制度化された暴力は自動的にデモンストレーションの枠組を規定し、合法性の枠組を最低ぎりぎりの線まで制限しえた、ということをつけ加えて置かなければなるまい。例えば、私有地、国有地に許可なくして足を踏み入れたとか、交通を妨害したとか、安眠をさまたげたとかといった違法性をとりあげて制限したであろうということである。もし完全に平和なデモンストレーションが、夜の安眠をさまたげ、望むと望まざるとに拘らず私有地に足を踏み入れるということになれば、他の瞬間に合法であったものが、この瞬間に違法となる。このような状況の下において、暴力との、制度化された暴力との対決は避けられないものとなる。——ただし、抵抗運動が無害な馬鹿騒ぎとなったり、良心の鎮静剤となったり、現体制の枠内における権利と自由を求めるクローン・ツォイゲ*になったりすることがなければの話しであるが。暴力は外部から加えられるというのが、市民権運動の教訓であったのだ。かかる暴力に対して合法性を守ることとは、始めから問題であるといってよい。それはまた体制側が脅威を感ずるや否や、当然学生反乱が蒙らなければならない経験でもあるだろう。その時こそ、抵抗運動は重大な決意をせまられる時である。つまり、壮重な行動への決意、レジスタンスとしての、即ち、市民的不服従としての抵抗運動への決意をせまられるのである。

＊共犯証言。ここでは体制の共犯者でありながら体制に権利と自由を求めることで自分の罪を軽くしようとすること。——訳者

私は抵抗権について、ここで二、三述べておきたい。というのは、そもそも抵抗権、即ち、市民的不服従の是認が、西欧文明の最も古い、最も神聖な要素であることを、いかに自覚している人の少ないかをまのあたり見て、私は大いに驚いているからである。現状肯定（positiv）の法よりも、より崇高な法があるというイデーは、文明そのものと同じくらいに古いのだ。ここに二つの法の間の相剋が

生まれる。その二つの法の前に、各抵抗は個々の抵抗以上のものとして位置づけられる。なぜなら、現体制は暴力を合法的に独占しており、現状肯定的法を、つまりこの暴力を己れの防衛のために行使する義務をわがものにしているからである。これに対して、より崇高な法の是認、抵抗の義務の是認が対置される。この抵抗の義務たるや、自由の歴史的展開をうながす衝動力なのであり、潜在的歴史的力としての市民的不服従がそれなのである。もしこの抵抗権がなかったならば、即ち、現行法に対するより崇高な法の展開がなかったならば、われわれは、今日もなおかつ原始的野蛮性の段階にとどまっていたことであろう。かようなわけで、暴力の概念は、二つのまったく異なった形態を含んでいるものと信ずる。つまり、現体制の制度化された暴力と、現状肯定的法からみれば必然的に非合法である抵抗のための暴力とがこれである。抵抗の合法性について、あれこれ詮索するのは、およそ無意味である。どんなに自由な社会体制であろうとも、己れの体制に向けられた暴力を、制度的にであれ、その他の方法であれ、合法化するような体制などありはしないからである。この二つの暴力形態の各々は、まったく逆の機能をもっている。つまり一方は解放の暴力であり、他方は抑圧の暴力である。また一方は生を守るための暴力であり、他方は攻撃の暴力である。暴力のかような二つの形態は歴史を動かす力であったし、これからもそうであろう。したがって、抵抗運動というのは、始めから暴力の領域内にあるものなのである。法は、単に抽象的に何ものかを保証すべきであるという法に対決するだけではなく、行動を支える法に対決する。重ねて言う、現体制は合法性の限界を規制する法をその手に握っているのだ。この二つの法の相剋、即ち、抵抗権を支える法と、制度化された暴力を支える法との相剋には、相互に暴力的衝突の危機がたえずつきまとっているのである。ただし、自由を支える法が、現行秩序を支える法によって犠牲に供されたり、歴史を顧れば常にそうであったように、秩序によって強いられた犠牲が、解放のために倒れた犠牲を数の上で凌駕するような事態がなければの話しであるが。要するに、原則的な非暴力主義などというお説教は、現体制の制度化された暴力を再生産する以外の何ものでもないということである。そしてまた、この制度化された暴力というものは、独占的工業社会における支配をかつてなかったほどにまで集中化しているのであり、この支配の集中はまた、現行社会の全体を貫徹しているのである。かくて、両方の暴力が相闘う場合、一般性を誇る暴力と特殊な暴力との衝突が問題となってくる。この衝突において、特殊な暴力は、それ自身現体制の擬似一般性に対して、新しい一般性を対置させない限り、撃破されてしまうだろう。したがって、抵抗運動が新しい一般性という社会的力を発展させない限り、暴力の問題は単純に戦術の問題の次元をさまよい続けるしかなくなるのだ。ところで、抵抗という挑戦する側の暴力は、現体制のもつ暴力と対決するに際し、多くの場合必然的に敗北せざるをえないのであるが、このような対決によって、力関係が抵抗運動側に有利に展開することがありうるだろうか。しばしばなされてきた論争も、この問題についての討議となると、いつも歯切れが悪くなる。即ち、そのような対決をせまることは、むしろ相手を、つまり敵側を強化させるだけであるといった議論が出てくる、ということである。だが、そのような場合、たとえ対決がなされなくとも、どっちみち体制側は強化されるのだ。そしてまた、抵抗運動が激化することによっても同じく、体制側が強化されるというのであれば、敵側の力を転換契機（Durchgangsstadium）たらしめることが問題となるはずである。だが、対決にもちこむかどうかの契機は、もちろん状況の評価いかんにかかっているし、特に、効果的組織的に啓蒙活動が行なわれているか、連帯組織がどの程度強固であるかにもかかっている。ところでまた、アメリカの例を挙げさせてもらいたい。例えば、抵抗運動を行なう者にとって、ベトナム戦争は全体的防衛権に対立する攻撃として、あるいは、自由に加えられた一般性をよそおう攻撃として受けとられている。だがしかし、国民の大多数は政府を支持し、戦争に賛成している。抵抗運動は残念ながら散発的であり、局地的に組織されているにすぎないのだ。それゆえ、このような状況下における抵抗運動の合法的形態は、自発的に市民的不服従、兵役拒否、これらの拒否の組織化などの運動を展開せざるをえないことになる。ところが、これだけでも既に非合法なのであり、状況の激化をもたらしているのだ。かくて、デモンストレーションは、いよいよますます組織的に、国民に対する啓蒙活動を伴ってこざるをえなくなってくる。いわゆる「地域活動」(community work)と呼ばれるものが、これである。地域活動のために、学生たちは、貧困地帯、極貧地帯に入って行き、そこで住民をして、彼ら自身の利害に目覚めさせ、極めて明白な無知——例えば、初歩的な衛生観念の欠如など——を放逐しようとするのである。もちろん、学生たちは、次にこれらの要求を組織し、この地帯における住民の政治意識を目覚めさせるのである。このような啓蒙活動は、単にスラム街でのみ行なわれるのではなく、あらゆる地域においても行なわれる。あの有名な「ドア・ベルを鳴らす運動」(door-bell-ringing-campaign)がそうであるように、戸毎に訪問して歩く運動がその例である。その家の主婦と、もし主人がいればその主人と、現に起こっている事態を討論するのである。特に、選挙の前なら、その運動のもつ意味は大きい。私はここで、家庭の主婦との討論を重要視しておきたい。というのは、主婦というものは、一般に男よりもパーソナルな討論に親しみ安いからである。だがその際やはり問題なのは、主婦たちがほとんど抑圧的生産過程にたずさわっていないということである。とにかく、このような啓蒙活動は恐ろしく骨の折れることであり、ひどく緩慢な仕事であるが、しかしたいへん重要な仕事でもあるのだ。その運動が成果をあげうるかどうかについては、まだ意見を述べる段階ではない。ただ、その成果をはかるバロメーターはある。例えば市会、州会、上院、下院選挙において「平和候補」が獲得するであろう得票数がそれである。だが、この運動の展望は必ずしもそんなに明るいわけではないようだ。

ニューレフトは、すでに強調しておいたように、イデオロギー全体に対する懐疑から出発したので、ニューレフトに基づく抵抗運動の最後の形態的特徴として、特に己れの立場を理論化しようとする興味ある方向性が示されていることを申しそえておこう。現体制の変革へ寄与しようとする努力には、理論的指導がなければならぬものであることがだんだん理解されてきたのだ、と私は信じている。今われわれは、アメリカにおいて、いや学生抵抗運動においても、旧左翼と新左翼との間の隔絶を、単に埋めようと試みるだけでなく、批判的理論を築きあげようと試みているのである。例えばアメリカSDS（Students for a Democratic Society）は、社会変革の理論にとりくんでおり、その成果は諸刊行物によって、能うかぎり広く流布されている。抵抗運動の最後の様相として、私はプロテストの新しい次元のものについて言及しておきたい。これは、道徳的―性的反抗と政治的反抗とが一つになったものである。ここで私はあなた方に一つの光景を申し述べてみようと思う。これは実際私がこの眼で見た光景であり、けっして二つの要素をばらばらにして考えることはできない光景である。だが、この光景は、アメリカで起こっていることと、ここドイツで起こっていることとの間にある差異をはっきりと、あなた方に示してくれるであろうと思う。それは、バークレーにおける大規模なベトナム反戦デモの一つの中で起こったことである。警察は確かにこのデモンストレーションに許可を与えはした。しかし、デモの目標、つまりオークランド軍事駅へのデモについては許可を与えなかった。したがって、デモ隊はある特定な、非常に限定された地点からはみ出せば非合法になったであろうし、デモ禁止令に抵触したであろう。何千という学生のデモ隊が、そこより先は禁止区が始まる地点まで近づいた時、黒い制服にヘルメットをかぶり、重武装をした、およそ十列ほどからなる警官隊のバリケードに行手を阻まれた。デモ隊は警官隊のバリケードに近づいた。例のごとく、デモ隊の先頭に二、三人の学生がとび出した。その学生たちは叫んだ、止まるな、警官隊の警備線を突破せよ、と。——もちろんそうすれば、目標地点にたどり着くことなく、流血の惨事が起こっていたことであろう。デモ隊自身もまた警備線をもっていた。それゆえ、警官隊の警備線を打ち破るためには、まず第一にデモ隊自身の警備線を乗り越えなければならなかったのだ。もちろん、そのような事態は起こらなかった。不安な数分間が流れ、何千というデモ隊は路上に坐りこんだ。ギターを抱えた者、ハーモニカを鳴らした者が前面に出てきて、ペッティングをしたり、愛撫をしたりし始めた。そのようにしてデモは終わった。多分、あなた方はばかばかしいと思われるだろう。しかし私はそれでもなお信じているのである。この光景にはまったく自発的かつアナーキーに、道徳的―性的反抗と政治的反抗とが結合されていること、そして多分最後の光景に対するあなた方の印象が、決して敵意に満ちたものでないことを。

抵抗運動の展望という第三番目の問題を簡単に述べておこう。それに先立って、インテリゲンチャの抵抗は既に革命勢力化しているだの、ヒッピーはプロレタリアートの遺産を受け継いでいるだのといったことを、あたかも私が信じているかのごとく言いふらす誤解を、ここでもう一度訂正しておきたい。今日、後進諸国の民族解放戦線だけが、革命的戦闘を展開している。だが、その民族解放戦線でさえ、後期資本主義体制に対して、なんら効果的な革命的脅威を与えていないのだ。今日、すべての反体制勢力は、現体制のありうべき危機に対して、予防処置、必然的予防処置としてのみ機能している。このありうべき万一の危機に際しては、民族解放戦線やゲットー地区の反乱だけが、単に軍事的敵対者としてばかりでなく、現体制に対する生き生きした人間的否定者、つまり、政治的・道徳的敵対者として立ち現われるのである。このような万一の危機に際して、あるいはそのような危機に対する予防機能として、労働者階級もまた多分、政治的にラディカル化することがありうる。だが、このような状況下において、政治的ラディカル化が左翼的編成のためのものか、右翼的編成のためのものかという問題は、まだ完全に露呈されているのではないということを、覆い隠してはなるまい。ファシズムないしネオ・ファシズムという差迫った危機――ファシズムはその本質上、常に右翼からの運動であるが――この差迫った危機はまだ決して克服されてはいないのだ。

私はありうべき危機、体制の万一の危機の場合について語ったのだ。そのような危機を助勢する諸勢力については、もちろん特別に論じてみなければなるまい。私は信ずるのだが、このような危機は、非常に異なった主観的、客観的諸傾向の積み重ねと見なされるべきである。つまり経済的、政治的、道徳的要素をもった諸傾向の積み重ねの結果と見なされるべきであって、それは洋の東西を問わず同じことであると思う。このような諸勢力はまだ強固に組織されてはいない。このような諸勢力は、後期資本主義にまで発展した諸国では、まだまだ大衆的基盤を持ちえていない。したがって、このような状況の下においては、抵抗運動の課題は、まず第一に、われわれ独自の領域から意識を解放することにあるように思われる。なぜなら、実際すべての生は危機にさらされているのであり、ヴェブレンが「下層民」(underlying population)と呼んだもの、即ち、被統治者はすべて、今日実際危機下にあるからである。現体制の恐るべき政治に対する危機意識を目覚めさせること。現体制の権力と圧迫は、全滅兵器のおどしを使って日ましに強大になっており、現体制の自由に駆使しうる生産力は搾取と抑圧の再生産にふりむけられ、現体制は己れの過剰性を守るために、いわゆる自由世界を軍事的警察的独裁で武装させている。壁のあちら側にある全体主義的国家は、資本主義国家のこのような政策を決して容認することはあるまい。あるいは全体主義的国家に対して大いに言い分はあるであろう。だがこの全体主義的国家は決して膨張政策をとっているのではなく、また攻撃的でもない。この国家は、ただ欠乏と貧困とに常に悩まされているのだ。したがって、この国家も事実をなんら変革させるものではないゆえに、排撃されねばならないのである。私が述べている意識の解放ということは、単なる議論以上のものである。それは実際――現在の状況のことが述べられねばならないとするなら――文字どおりデモンストレーションのことである。デモにおいては、全人間が行動を共にし、己れの意志に平和の生命を吹きこむことである。もし、それらのことがすべて何の役にも立たず、役に立つかのごとき幻想をいだくことが、むしろわれわれにとって役に立たないことだとしても、しょせん現体制を利するにすぎないそのような敗北主義や静観主義をとることは、それと同じくらい、いやそれ以上に有害なことなのだ。以上のことをありていに言えば、われわれは、ファシズム時代の始めから今日においてもなお、歴史の進歩の理念を、抑圧行動によって否認するような体制には反対してきているということである。そのような体制のもつ内的矛盾は、常に新たな非人間的な、不必要な戦争を引き起こしてきたのであるし、またそのような体制のもつ強大化する生産力は、常に強大な破壊、膨大な消費にふりむけられてきたのだ。だがそのような体制といえども、免疫性をもってはいない。その体制はすでに抵抗運動に対して、世界の隅々のインテリゲンチャが立ちあがっている抵抗運動に対して必死になって身を護っている。たとえその抵抗運動が効果のないものであると解っても、われわれはさらにその運動を押し進めなければなるまい。再度言う、われわれがなおまだ人間として行動し、幸せでありたいと望むなら、われわれは抵抗運動をさらに押し進めなければならない、と。現体制の絆に結ばれていては、われわれは、もはやそのような希望をいだくことはできないのだ。

学生反乱の目標、形態、展望についての討論

質問　第三世界との関係について。あなたが述べられた諸々の抵抗グループのなかで、あなたは、帝国主義的体制をゆるがすことができるかも知れない最大の抵抗勢力は、第三世界のプロレタリアートであると見ておられる。私は、あなたの理論が常に亀裂をもっているように思われてしかたがない。それは専ら、あなたの理論の第三世界に対する関係についてなのである。もし第三世界が、帝国主義のグローバルな体制に対して、最大の革命的勢力であるなら、この勢力を理論構成の中にとり入れてこなければなるまい。ところが、あなたの理論にはそれがあるようには思われない。あなたは『一元的人間』の中で、こう言っておられる。理論は真空の中では空まわりする。なぜなら、理論と実践との弁証法的関係は、そこでは成り立たないからだ、と。私の考えでは、この際の理論と実践との矛盾は、第三世界における闘争の問題点に段階づけをすれば、解決されうると思う。言うまでもなく、大都市における学生反乱は、たしかに一つの勢力ではある。しかし他方、この学生反乱は大衆的基盤を持たないがゆえに、無力である。この学生反乱は、第三世界におけるような実践活動を、明らかにその大衆的基盤として持たなければならない。

マルクーゼ　そのような理論的取り入れは、すでに、客観的現実的に行なわれてきている。今日の状況において、資本主義の外部にありうるものはない。今日一つの世界体制となっている社会主義、

共産主義体制といえども、善かれ悪しかれ、資本主義と結びついているのだ。私はそんなふうな考え方から出発している。それゆえ、資本主義の周辺部のことについては、われわれは非常に相対的な意味のことしか語りえない。第三世界における民族解放戦線の役割は、それ自体まだ決して体制としての後期資本主義を転覆しうるほどまでには革命的勢力として強力になっていない。後期資本主義の中心部における、変革を求める勢力と第三世界との合流によってのみ、そのような革命勢力が期待されるはずである。だが、そのような革命勢力を打ち樹てるということは、実際に決して生やさしいことではない。インテリゲンチャの抵抗運動は、第三世界の民族解放戦争の中に、大衆的に結びつかなければならない、というだけのことならもちろん簡単なことである。だが、いかにしてそれが可能であるかということは、一般的に言って、そう努力しなければならないと言えるだけである。しかしその努力を、われわれはまだ払ってきていないのだ。そのような努力に水をさす諸困難はいたるところにころがっている。地理的距離が隔たっているなどという困難さはさておき、例えば、言葉の違い、文化の全般的違い等々の諸困難がひかえている。これらの困難のすべては、当然配慮されねばならない、理論と実践内部の新しい要素である。

全体として、第三世界で起こっていることと、高度発展世界の中心において爆発している諸勢力との協力にこそ、私は効果的な革命的力を見いだすことが出来ると思っている。

質問　学生反乱は、今、左右両翼からの非難に対して論議を尽さなければならない状態に立ち到っている。学生反乱は社会的にはなんら統合されていない連中のやっていることでしかない。このような状態から生ずるフラストレーションを、奴らは社会に転嫁させようとしているだけなのだ、と右翼は言っている。先週、クールフィールステンダムでの論争で、学生たちが店員や労働者に向かって、彼らに何が欠けているかを説明しようと躍起になっていた時、一人の労働者が答えた内容は、まことにコミカルであった。「解んねえな——俺は万事うまくいっているんだ」と。試みに一度、労働者に向かって、ベトナム戦争がどのように彼に関与しているのかを説明してみられるがよい。アメリカでは、ベトナム戦争に協力する形で労働者が働いているではないか。一体、学生反乱が当面している困難は何であるのか。第三世界。そう、確かにわれわれは、われわれの抵抗、われわれの情念を、第三世界では人間が焼き殺されているという事実の上にすえている。だが、伝統的ヒューマニズムからテロルが生まれてきたというのに、ヒューマニズムの基礎の上に一切を論議するというのは、許されることだろうか……。

マルクーゼ 今日、ヒューマニズム的論議では、もはや何ごとも取扱かいえないという議論ほど危険なものはないと思う。では、私の方からあなたに質問をしよう。もし私が、本当にラディカルな態度で、ヒューマニズム的論議をシャット・アウトするなら、一体私はいかなる基礎に基づいて、この後期資本主義を攻撃できると思われるのか。もしあなたが合理性の枠内でだけすべてを取扱い、始めっから歴史的先験的概念、つまり現体制の否定——なぜなら体制はアンチヒューマニズム的なものであり、ヒューマニズム的理念とは体制の否定であるのだ——という考え方をシャット・アウトしてしまうなら、あなたは再び次のように問いつめられる状態——そしてこの問いには決して答えられない——に追いこまれるだろう。その問いとは、こういうものなのだ。社会的富をいや増しに増大させてくれるこの体制が、一体なんで忌わしいことがあろうか。おかげで、以前ひどい貧困と悲惨さとの中で生活していた国民の大部分は、今日、自動車を持ち、テレビを持ち、一軒の家を持つことができるようになったではないか。一体、とんでもない危険を冒してまで転覆させねばならないほど、この体制は悪いものなのか、と。あなたがそれで満足し、他のすべての要素をシャット・アウトしてしまうならば、あなたはもはや前進することができないだろう。あのファシズム時代の間、われわれ自身も忘れてしまい、ファシズム時代の終りに生まれたあなたは、まだまったく自覚しておられないあることを、われわれは再び学ばねばならないのだ。というのは、ヒューマニズム的論議、モラーリッシュな論議は決して単に虚偽のイデオロギーではなく、社会的勢力の中心となりうるものであり、またならねばならぬものだということである。もしわれわれが、あらかじめ、それをわれわれの論議からシャット・アウトしてしまうなら、現体制の擁護者が主張する極めて乱暴な論議に対して、われわれはまったく無力になってしまうだろう。

質問　アメリカにおける抵抗運動が、現体制の暴力に対して勝利をうることができたと仮定した場合、あなたはどのようにその抵抗運動の力を建設的作業にふりむけるおつもりか。そこではもはやかつての力は抵抗運動ではなく、国家権力の担い手となっているわけだが。

マルクーゼ　与えられた条件の下で、自由な社会の建設をどのように進めて行くのか、とあなたは尋ねられたのか。この質問にお答えするには時間がかかる。一つだけお答えしておこう。というのは、学生の抵抗運動が勝利をえても、それは、自由な社会とは何かという問題に答えうるような段階にまで、状況を引っぱって行けるとは考えられない、ということである。学生反乱が孤立したままであり、彼らが自分たちの領域をつき破って出てくることができず、その立場上、社会的生産過程に、それゆえまた変革に対しても決定的な役割を果たしうる階層を動員できない場合には、学生反乱は所詮、二次的な役割を果たしうるだけであろう。もちろん、学生反乱を変革の中核とみなすことはできる。だが、中核にだけとどまっても、それは変革そのものではなかろう。学生反乱は、今日彼ら自身がとじ込められている狭い枠を打ち破り、インテリゲンチャ、ブルジョア的インテリゲンチャという罵倒の言葉を、一転して称賛の言葉に転化させうる可能性はもっている。その枠を打ち破る、ないし押し広げるということは、他の側面から言うなら、学生たちがその力を、物質的にも精神的にも変革そのもののために行使しうる、ということに他ならない。

私は、もっと具体的にお話しするように努めよう。というのは、私はあなたの質問を、何か現状肯定（positiv）的な考え方と受けとったのであるが、もしそれが本当であるなら残念なことである。私は今なお依然として否定の力を信じているし、われわれが現状肯定の立場に立ちうるような段階にはまだ立ち到っていないことを信じている。

学生反乱が何をなしうるかについては、私は講演において既に述べておいた。ここでまず第一に、質問者にはっきりさせておかねばならぬことは、学生たち自身が、そのような問いを立てることはありえない、ということである。ということは、学生たち自身が、自分らの生きている社会のどこが一体悪いのか、忌わしいのかについて、まだよく知っておらず、学生たち自身がその問題について啓蒙されなければならないからである。次に問題とすべきことは、彼ら学生がアメリカ型のデモクラシーを想定しているのか、現にベルリンにあるようなデモクラシーで満足するのか、ということである。両者のケースは、最初の出々しからして異なったものであろう。アメリカにおいてなら、もしベトナム戦争がアメリカ軍の撤退で終わったなら、私はそれを、抵抗運動の建設的成果とみなすのにやぶさかではない。だが、それは社会主義社会の建設とは何の関係もないことである。むしろそれは、現状肯定的、建設的な第一歩というべきである。現状肯定的建設から社会主義社会の建設へ、という努力が払われなければならない。もしあなたが、われわれの欲するものは社会主義であり、生産手段および集約的コントロール機構の私有制度を撤廃することである、と今日のアメリカ人の誰かに語ったら、その男はあなたの側を離れてしまうだろう。だが、そのことは、決して社会主義の理念が間違っているということを意味しはしない。むしろそれは、社会主義理念への意識を喚起し、われわれすべてが没落を望まないなら、社会主義理念の実現が必然であることを説得するのに成功していないだけなのだ。

質問　あなたの講演が終わったところから、本来の問題が始まるように思う。つまり、われわれが望むような社会の実現される見通しがあるのかどうか、という問題である。われわれが人間として更に働き、幸福になりたいと望むなら、その見通しのいかんに拘らず、われわれはその理念に向かって更に努力を払わねばならない、とあなたは結論において述べられた。現体制の下において、確かにわれわれはそのような理念を実現することはできていない。したがって、私はその点について、まったくあなたの分析に同感である。私は現体制下で、そのような理念を実現できない理由に、次の二点をあげておきたい。その一つとして、工業化の進んだ諸国では、労働者大衆、勤労者大衆一般は、ほとんど質的に新しい要求をもっていないということである。このような要求こそまず最初に喚起されねばならないはずなのに。その二つとして、事実、この社会は、実存的根底から脅威を受けており、全体的暴力的抑圧の所産であろうとも、外見上はまったくそのように見えない、ということである。

あなたは静観主義という言葉を使われた。この静観主義と関連のあることだが、私の印象では、あなたの抑圧的寛容という論文はいささか誤解されているのではあるまいか。残念ながら、あなたの分析の根底にある見解は、あまり理解されず、むしろ非難されているのが一般的な状況である。あなたの意図に反して、一般に抑圧的寛容と静観主義とが、混同されていないという保証はどこにもない。この会場にいるわれわれとても同じことである。それゆえ、問題を整理する必要がある。多分一般の人は両者を極めて安易に混同してしまうだろう。したがって、それではやはり現体制を批判するが、若干異なった立場をとる者——ハーバマスがこの立場を代表するだろう——との直接的対比ができなくなってしまう。私は、できることならあなたとハーバマスとの比較論究をしてみたい。要するに問題は、あなたの分析の後にくるもの、即ち、何をなすべきか、ということなのだ。

マルクーゼ　まず社会主義理念の実現の問題について。まずあなたは、この理念を実現しようというねばり強い努力によって、いかに現体制が動揺せしめられているか、ご存じないようだ。ごらんになるがよい、一押ししただけで、現体制は己れの全権力をさらけ出してしまうではないか。もし現体制が正しいものなら、この体制は永遠に続く世界史上、第一の社会組織ということになるだろう。だが、今日、この体制の間隙は深まっている、と私は信ずる。現体制内の矛盾は、以前よりも、より深まっているのだ。現体制内の矛盾としては、次のような諸点があげられるだろう。
一、一方に巨大な社会的富と、他方にその抑圧的、破壊的使用という矛盾。
二、今まで以上の蓄積をしたいという、資本主義の本能によって開発されたオートメーション化への傾向。このオートメーション化とは、生産過程で肉体的労働力の使用をシャット・アウトして行く傾向である。したがって、このオートメーションは、マルクスがかつて述べたように、資本主義の成立基盤と長期にわたっては両立しえない。

この体制のもつ優越性（Immunität）など、問題ではないのだ。

寛容について書いた私の論文で、どうか、私がどんな寛容にも反対しているのだなどと取って下さらないように。どうしてそのような解釈ができるのか、私にはよく解らない。まったく馬鹿げたことだと思う。私が言いたかったことは、確実に抑圧と破壊とをもたらさずにはいないような運動が、一般的な行動にもプロパガンダにもありうるものだ、ということである。ところがこのような運動とて、デモクラシーの枠内で、許されないことではない。その例として、いささか古典的な例をあげてみよう。それはもし、あのナチ運動がいち早くその性格をさらけ出してしまっていたなら、ワイマール共和国の初期に、既にその活動を許されていなかったであろう。あるいは、もしナチ運動が、このデモクラシーの恩恵にあずかることがなかったならば、第二次大戦の恐怖も、その他の恐怖も、われわれは体験することなくすごせたであろう、ということである。いずれにしても、その運動が許されるものかどうかという基準は存在する。もしある運動が、人間の生の改善や解放に実際貢献するものなら、寛容さをすててその運動に挺身すべきである。しかし、寛容さそれ自体が悪であると私が述べたなどと取られるのは、理解に苦しむところである。

第二の問題について。われわれは、今日、次のような問題に当面している。というのは、変革は客観的に必然のものとなっているのに、古典的に変革をめざす階層といわれてきた部分には、その変革を求める要求がまるでみとめられない、ということである。まずこの要求を窒息させているメカニズムを除去しなければならない。だが、そのためには、そのメカニズムを除去しようとする要求が前提となる。これは、まさに出口なしの弁証法なのだ。

質問　この大学では、これまで誰れも野次り倒された者はいなかった。しかし、一人だけいる。それは南ベトナム大使であった。それは討論などという生やさしいものではなかった。

あなたは、いかにアメリカの労働者階級が悪性に統合されてしまっているかを、説明された。次に、労働者階級のそのような変質の過程を生産力の発展過程に応ずるものとして示された。そしてまた、抵抗運動を準備し、拡大して行く過程で、ある階層またある階級の大部分が、大きな役割を果たしうる、そういった可能性がヨーロッパにおいてなら、事情のいかんによってはありうるのだ、ということも示された。ではお尋ねするが、資本主義の非同時的発展という現象から見て、ヨーロッパは後進国であると思っておられるのか。つまりわれわれの抵抗運動を拡大して行けば、労働者階級が階級として立ちあがるような要素がありうると思っておられるのか。それとも、そんなことは、ヨーロッパにとって、単なる気やすめにすぎないことであり、理論的文脈からは、ほとんど意味のないことと思っておられるのか。もっと詳しく尋ねるなら、こういうことである。生産力がこれほど高まっている現段階、つまり、組織的にも、機能的、物理的にも資本のもつ破壊的な力が高まっている現段階では、労働者階級の反動化がヨーロッパでも一般的に進行しているのではないのか。生産力がこれほどまでに発展をとげた現在、もはやプロレタリア革命が問題になるのではなく、人間革命が問題になるのではないのか。要するに、私の言いたいことを個条書きにすれば次のとおりである。即ち、今日、大都市に住んでいる人間全部が潜在的に革命的なものと見なされねばならない。生産力が今日のごとく発展した段階では、資本家階級の脱機能化、つまり、非資本家への資本機能の委任という現象が起こっている。したがって、資本と賃労働との対立は、もはやプロレタリアートとブルジョアジーとの対立ではなく、マルクスがかつて『哲学の貧困』の中で述べたように、生きた労働力と人間のコントロールを離れ疎々しく自立してしまった労働力との対立である。われわれは、このように疎々しく自立してしまった労働力を、再び我が手に取り戻さなければならないのであり、普遍的にわれわれの内部に取りこまなければならないのである。それゆえ、来たるべき革命の性格は、単にプロレタリア革命という一革命ではなく、全革命、つまり、体制に対する全革命としての人間革命なのである。

マルクーゼ ヨーロッパ労働運動の政治的伝統は、少なくとも二、三の諸国で非常に強固のように見受けられる。だが、アメリカ労働運動はかつて盛んであったが、現在ではまったく窒息してしまっている。

政治的伝統などという曖昧な概念はさておき、あなたの質問に対する解答は、次のような問題に還元できるかと思う。即ち、今日のアメリカ労働運動を貫徹し、支配している傾向は、ヨーロッパ労働運動の中でも支配的になるだろうかという問題である。あるいはこの問題を次のように言い換えてもいい。つまり、ヨーロッパ労働者階級の政治的伝統からしからしめられた、アメリカとは異なる傾向は、所詮ヨーロッパでも窒息せしめられてしまうのかという問題である。これは、ヨーロッパ労働運動が、いかなる時点で活発になるのか、政治的に高揚するのか、にかかっている。たとえ、ヨーロッパ労働運動が、完全にアメリカ化された後に、高揚してみたところで、そのような高揚は、労働者階級の革命的役割などと呼べるものではない。ヨーロッパ資本主義がアメリカ資本主義と決定的に対立し、ヨーロッパ労働運動の中にアメリカ的要素が支配的にならない状況、そのような状況下で、ヨーロッパ労働運動が政治的に高揚したなら、チャンスはより一層大きくなる。ヨーロッパ資本主義経済は、アメリカ資本主義経済の傾向に追従するだろうか。ヨーロッパにおけるアメリカ経済法則の貫徹は、より一層の進歩をもたらすだろうか。それとも、そのような法則の貫徹は、ある時点でストップをかけられるだろうか。

質問 私は、まず私自身がえがいた展望から話しを始めたい。その展望とは、現在の形態をとっている学生抵抗運動が、われわれ自身まだはっきりとは断言できない何ものかのための準備段階として把握されるべきである、ということである。あなたの講演も、この学生運動を何ものかへの準備段階と規定し、一つの方法を指し示されたように思う。つまりその方法とは——正直のところ若干漠然としているが——あなたの解釈によれば、資本主義体制の大いなる危機に際して、一つの偶発事件となることであった。そしてあなたは、この偶発事件を希望とも、危惧とも呼ばれた。なぜなら、このような危機に当面して、まず従属的階層（労働者階級）が決起し、多分次の段階では、左翼的編成というより、むしろ右翼的編成、つまり、ファシズム的方向での高揚が起こってくる可能性は否定しえないからである。これは極めて緊迫した問題である。ファシズム的大衆動員の可能性は、非常に重大な戦略的価値をもつ論題であり、その危険性に注意し、勇敢にもファシズム的動員の先を越すべきである、と説いている人々によって常にとりあげられてきている論議である。なぜなら、右翼的大衆動員などということがありうることを、一般の人々は知らないだろうからである。

私は、今日もなお右翼的大衆動員が大都市において可能であるとは思わない。一九三三年のドイツに、大衆動員がありえたのは、予期しない未曽有の経済大恐慌があったからである。この経済大恐慌のもつ深さと重さとは、社会の上に重くのしかかっていた。しかも当時の社会は、今日の社会と違って、非同質的なものであり、社会学的に見ても興味のある封建時代からの残存物、あるいは、十九世紀的自由競争的資本主義時代からの残存物がまだ残ってもいた。したがって、ブルジョアジーの位置は、政治的にも経済的にも歪められていたのである。だが、今日、われわれは相対的に同質な社会を問題にしている。相対的に同質な社会は、何もアメリカの場合だけではなく、ここ西ドイツにおいても同じことなのだ。

今日、経済的大恐慌が勃発するような見通しはない。またオートメーションといえども何ら害悪を流しているようには見うけられない。われわれは過去三四年間、ケインズ主義で生きてきた。このケインズ主義は、生産関係に対する生産力の客観的な反乱を、ある方法で解決しようとして生みだされたものである。もちろん、それは経済成長率をある率におさえることによって解決しようとするのであるが。そして現在われわれは、科学でさえも、人間の生産力として、人間の知性として、人間の能力として、もう一度、人間的形態にひきもどし、危険のないものにしなければならないことを、主観的に感じ、体験もしている。以上のような事実に直面してみれば、オートメーション問題も、資本主義的だが利益をもたらすものとして、解決可能な問題のように思われる。もっとも、このような危機否定の理論の背後に、いささかでも古典的帝国主義理論がかくされていなければの話しであるが。古典的帝国主義理論によれば、資本の利用可能性というものは、資本が蓄積され、第三世界で転用されるという事態に決定的に依存している。これは、疑わしい理論だ。そして、そのような理論から生まれる希望もまた疑わしいといわざるをえない。

つまり、一方では、危機などありえない、ということが言えるとともに、他方では、大都市における右翼的地盤から大衆動員が起こりうるなどという心配などもいささかもない、ということが言える。というのは、われわれに対して反対の立場をとるような大衆など、まだ存在していないからである。恐らく、われわれに反対しているのは、エスタブリッシュメントだけではあるまいか。恐らく、社会的勢力で、傾向的にわれわれを支持しないような勢力など存在しないのではあるまいか。

マルクーゼ　傾向的には、確かにすべての勢力はわれわれに味方している。だが、われわれはこの傾向性を現実のものとすることができるだろうか。新しいファシズムは、本当にそれがおそいかかってきたときには、古いファシズムと非常に異なったものとなるであろう。——歴史は、そう簡単に繰り返しはしないのだ。ファシズムをアメリカの例でいうならこうなるだろう。つまり、政治的にブルジョア的な現行の自由法を妨害しようとする諸勢力が強大になり、それに応じて議会が非常に効果的、かつ抑圧的な立法処置を講ずる、という段取りである。言い換えれば、経済的危機に応じて街頭に繰り出し、ストライキをうつような大衆基盤が、アメリカの場合なら、見うけられないのだ。そのようなわけで、アメリカの大衆は、現行デモクラシーに許されているわずかのゆとりをも排除するような傾向に、より一層活発に加担し、そのために抵抗運動はだんだんじり貧になって行かざるをえないのだ。

たいへんペシミスティックだといって、人は私を非難している。だが、あなたの発言を聞いて、一言、私も申し述べておかねばならない。あなたの発言によると、私はあたかも、実現性の基盤一般をほとんどないがしろにしている思慮分別のないオプティミストのようである。だが、私は、永遠に続くであろう非常に美しい資本主義体制など思い浮べることさえできないのだ。もしオートメーション化の傾向を、変革の力を引き出すことのできるその他の社会的勢力から切り離して考えるなら、あなたのオートメーション論は正しい。変革の力を引き出すことのできる社会的勢力とは、例えばまず第一に、意識が啓蒙化されていることである。第二に、特に技術者、科学者など「新しい労働者」階級への啓蒙である。第三に、旧来の諸価値に対して心理的―道徳的崩壊（これは、モラルが久しい以前からもはやイデオロギーではなくなっているのではないかと思う理由の一つである）が起っていることである。第四については、今晩まだわれわれは話し合っていない。それは第二の世界のことである。この世界は、今日ソ連ブロックから成っており、資本主義圏と今後ともますます熾烈な経済競争を行なうことになるだろう。この勢力も正当に取り扱われねばならないと思う。

質問　われわれは、現時点における現体制への否定を、個々に具体的なものとする努力をしてはいけないのだろうか。われわれはベルリンにおいて、繰り返しこの問題につき当っている。体制が崩壊する時、君たちは結局重要な問題について、君たち自身の立場を失わねばならないだろう、などと言って、ハーバマスや、労働組合幹部などが、繰り返しわれわれを非難しているのである。

次の時代の体制について、具体的建設案を考えるなどということは、なんの意味も持たないのだろうか。もし何らかの意味をもつというのであれば、いつも少数者の抵抗運動にとどまっているような危険、世間の信用を落とすような危険は避けるべきではないのだろうか。

労働者階級の役割ではなく、世界的変遷期における社会主義陣営の役割はいったいなんであろうか。もしわれわれが、この問題を知らないというのであれば——本当のところ、あなたの講演はこの問題を論ずべきであったと思うのだが——改良主義者や修正主義者に対して、われわれはどのくらい寛容であるべきか、見当がつかなくなってしまう。彼らは、ドイツにおける社会民主主義者として非難されているのである。彼らは、あなたの言う変革の次元では、なんら積極的な意味を持ちあわせていないのだろうか。

マルクーゼ あなたが、そのように重要な問題を、ここベルリンでどのように意味づけされるか、それについては何も申し上げないことにしよう。なぜなら、私のベルリン滞在は短いのだから。だが、そのような質問がアメリカにおいてなされたのなら、私や私の学生たちは次のようにお答えするだろう。例えば、そのような考え方は、君たちの息子たちをベトナムに送りこんで戦争の犠牲にするような社会の建設に役立つだけだろう。また、黒人やプエルトリコ人が市民として扱われるにしても、二等市民としてしか扱われない社会、有産階級の子弟だけが、より良い教育を受けられるような社会の建設に役立つだけだろう、と。一体このような社会を建設することを進歩と呼んでいいものだろうか。多分あなただって、そのような社会を相変わらずなにか積極的な意味をもつものとは考えられないだろう。そのような社会がなにか積極的で、重要な意味をもつのは、ベトナムの事態で、大いにあわてている連中にとってだけであろうと思う。

ソ連社会と後期資本主義社会とを、「発展した工業社会」として、同等に扱うことは適当ではなく、少なくとも根本的に異なる両者の傾向を正しく言い表わしてはいないと思う。だが今日、ソ連とアメリカとの間には、現代の現実政治から由来する共同政策があるようだ。この政策は、マルクス主義とは縁もゆかりもない。この政策には、資本主義社会と社会主義社会との間の差異をないがしろにしたまま、従属下に置いた貧しい諸国に対する富める両国の共同利益があるだけである。

アメリカにおける重要な問題は社会主義の問題であるということを、あなたは絶えず聞いておられることと思う。あなたが述べられたような問題が、あなた方にとって重要な問題であるとしても、残念ながら、われわれはそのような問題とは関わり合いを持ちたくないと申し上げておこう。ここ西ドイツでは、ソ連やその他の社会主義諸国より万事がうまく行っているなどと、あなた方があなた方の現行社会を擁護してみたところで、そんなことはわれわれにとって問題のないことなのだ。ソ連で起こっていることなど、もはや社会主義でもなんでもないのだということを、あなた方に説明することはむずかしかろう。

実際、ともに語ることなどほとんど望みえない大衆層というものがあるものである。そのような連中と語ることなど、時間とエネルギーの消耗以外の何ものでもない。このような態度は別に非寛容なのではないし、彼らを非難しようというのでもない。ただそのような連中とは共に語りたくないというだけなのだ。そのような連中からはなにも生れてこないということが解っているので、このような態度をとっても非寛容だということにはなるまい。

聞く耳を持ち、かつ考えることができるとみなされるような階層やグループに、全エネルギーと全時間とを集中すること。かようにして実際的啓蒙活動が可能となる。それは決して橈倖をねらった活動ではない。そのような活動の具体化は、既にかなり進展しているはずではなかろうか。

質問　前の質問でお尋ねした修正主義の定義について、もう一度……。修正主義者とは、すでに確立された諸制度の枠内で、この社会のなにかを修正することができると考えている者のことである。これに反して、学生の大部分は、諸制度打倒と非議会主義的抵抗運動とを繰り広げなければならないと考えている。

マルクーゼ　だからこそ、両者の間には決定的な差異があるのだ。ここで個人的な話しになるのを許していただきたい。あなたは、ドイツ社会民主党を修正主義と呼ばれたが、これだけは申し上げておきたい。というのは、私は、私独自の政治的啓蒙活動を開始して以来、つまり、一九一九年以来だが、この党に対して反対し続けてきた。私は一九一七年から一八年にかけてドイツ社会民主党党員であったのだが、あのローザ・ルクセンブルクとカール・リープクネヒトの虐殺以後、脱党し、以来この党の政策を批判し続けてきている。私が批判し反対したのは、この党が、現体制の枠内で活動しうると考えていたからではない。そんなことなら、われわれのすべてがやっている。そう、われわれすべては、現体制を変革しうるような現体制内の最も小さい可能性でさえ利用しようとしている。そんなことのために、私はこの党を批判したのではない。私が批判し反対したのは、この党が反動的、破壊的、抑圧的な勢力と結託して、活動したからなのである。

私は一九一八年以来、社会民主党の左派に連なってきている。しかし、私の観察してきたところによれば、この左派といえどもますます右傾化し、遂に左翼的な要素さえ残さないものになってしまったのである。以上によって、党の内部にとどまって、何かラディカルな活動ができるなどという考えを、ほとんど私が信じていないことを理解してもらえたことと思う。

質問 もし、社会民主主義者とコミュニストとの間にあの恐るべき不和対立がなかったならば、あるいは、ナチスに対してもっと有効な抵抗ができたのではなかろうか。

したがって、私は再度お尋ねしたい。組織の内部で、組織を実際根本的に変革することは不可能なのだろうか。例えば、かつて過酷なスターリン主義時代というものがあった。しかし、今日のソ連は、かつてのスターリン主義時代とはまったく異なった体制のもとにある。この事実は、変革が体制内的にも可能であったということを意味しているのではあるまいか。スターリン主義時代のソ連と今日のソ連との間には根本的な差異がある。それゆえ、ベトナム戦争が解決したら、アメリカ社会の中でも、内部的変質が起こるのではあるまいか。

行動における暴力の問題は単に戦術の問題ではなく、少なくとも戦略の問題に属するだろう。もちろん、ヒューマニズム的根拠に基づく問題ではないが。ところで、戦略の問題となるとまだ世界史的に確立されているわけではないはずである。

体制に束縛されず、体制に毒されない革命的進歩的理念——例えばレーニン主義のような——の特徴は何であろうか。体制のもつ害毒性は、例えば三〇年代にいやというほど見せつけられてきたところである。

マルクーゼ これは、私の講演の中で強調しておいたことだが、暴力にはさまざまな種類がある。防衛のために行使されたもの、攻撃のために行使されたものなど。例えば、殺人者をとりおさえる警官の暴力と、デモ隊に棍棒の雨を降らせる警官の暴力とは、単に外見上ばかりではなく、その衝動構造、その実質上からも異なる。両者とも暴力行為である。だが両者はまったく異なった機能を持つ。

個人的な問題に妥当する基準は、社会的歴史的な問題にもあてはまる。例えば、革命的テロルと、白色テロルとは違うのだ。なぜなら、革命的テロルは自由な社会への独自な超越性（Transzendierung）をもっており、これに反して白色テロルはそのようなものをなんらもち合せていないからである。北ベトナムが防衛のために行使するテロルは、アメリカが攻撃のために行使するテロルとは本質的に異なるのだ。

革命的テロルが、残忍さや野蛮さに陥るのをいかに防ぐかは、また別の問題である。いつの場合にも、現実の革命には、テロルの変質を阻止する手段や方法があるものである。ボリシェヴィズム革命の当初にはいかなる残忍性も、いかなる野蛮性もなかった。まだ権力に居すわっている者に対する抵抗を意味するテロルさえなかったのである。革命の進行過程において、テロルは残忍性、野蛮性、拷問などへと変質して行くことがあるのだが、この問題について語るには、われわれは革命の展望について語らなければなるまい。

質問　抵抗権を是認する根拠について。あなたは寛容についての論文の中で、この抵抗権に引用符をつけておられた。だが、現在ではそうでないようだ。抵抗権とはなんであろうか。それは何に基づき、何を目指しているのであろうか。それは人間性のもつ超歴史的な慣習なのであろうか。それとも、自然法というロマンティックな遺物にすぎないのではなかろうか。あるいはまた、それは、新しい人間学がもたらした独自な権利なのであろうか。

それゆえ、抵抗ではなく単に対決するだけの姿勢は、一面で、攻撃目標となるべきはずの合法性の枠内にある。そしてまた、この合法性というものは、本当はさらに攻撃目標となるべき社会を積極的に肯定する法でもある。これに反して、抵抗というものは、もしその抵抗が全面的否定を目指すのなら、法という名で呼ばれてきたものすべてに対して行なわれる姿勢である。だが、それはあくまで客観的側面から見た場合のことだけである。抵抗が行動である限り、いかにその否定の精神は肯定の精神でもなくてはならないか。つまり抵抗は、抵抗自体が終わってその結果もたらされるはずであるものに、いかに依存しているかを考えてみれば解ることであろう。そのようなわけで、およそ抵抗権などという考え方は、もう放棄されてしかるべきではないのだろうか。つまり抵抗は、全面的抵抗などというのではなく、現行社会の枠内における抗議運動に制限されるべきではないのだろうか。なぜなら、攻撃する側に立ちながら、防衛する者として振舞うことは理解に苦しむことだからである。

質問　もっと具体的な重要問題について。決定的な行動などベルリンでは不可能だ、とマルクーゼ教授はいわれた。だが現在、非議会主義的抵抗運動内部で重要な役割を果たしている各派についても一言あってよかったと思う。それらの各派は、現時点において起こるであろうことを身をもって体験したいと願っているのである。そして、ここ西ベルリンでは、決定的な行動の具体的チャンスはますます明らかになってきているし、そのような行動を組織しなければならない状況にきている。それゆえ、この問題について、ここで若干申し述べておかなければならない。

私の前の質問者は、ソ連のあり方を体制内的変革が可能な例としてあげられ、これをそのままわれわれの状況にあてはめられた。しかし私は、ソ連体制とアメリカ体制との間に、根本的に異なる生産関係があるものと見たい。だが、ルカーチの言葉を使うなら、今日のソ連は、ラーゲリなきスターリニズムの時代であることも付け加えておかなければならない。したがってソ連体制の中では、なんら質的に新しい状況が生み出されているのではない。そのようなわけで、前の質問者がソ連体制とアメリカ体制とをアナロジーで並べられたが、それはアナロジーとしても成立しない。

次に西ベルリンの事情について。われわれは、ここベルリンで、この数カ月、まったく無能な市議会になやまされてきた。彼らはもはや二度と再び知性をとりもどすなどということはないだろう。その上、われわれは抑圧的警察のやり口も体験した。彼らは現在、若干狼狽している。しかし、彼らはやはり依然として抑圧的であり、今後とも抑圧的であり続けるだろう。あるいはまた、われわれはわれわれの利益を代表しえない無能な諸政党を見てきた。これらの政党は、ベルリンの諸問題を解決しうる状態にはない。ベルリンのかかえている諸問題とは、例えば、経済的に衰退していること、機械化の水準あるいは労働力構造の拡大などの点で、十年近くも遅れをとっていることなどがそうである。これらの政党は、たかだかコンツェルンから資金援助を受けて、コンツェルンの利潤獲得に便宜をはかってやるだけのことしかできず、ベルリンのかかえている実際的諸問題の解決には、なんの役にも立っていないのである。

それゆえわれわれが引き起こし、今も関与しているラディカルな抵抗運動は、以上述べてきた諸条件の下で、徐々に大学の立場を離れなければならない。その上、われわれの抵抗運動は、具体的に決定的な行動を起こそうという必然性を内にいだき、国家執行権をなす諸政党と警察という現行制度に対する挑戦を、具体的に組織して行かなければならないのである。というのは、現にこのベルリンでも変革への力が増大しつつあるという事実にかんがみて、ぜひとも非議会主義的抵抗運動を組織して行かねばならないということでもある。マルクーゼ教授が起爆的組織と呼ばれたもの、つまり大学における学生抵抗組織は残念ながら、孤立化している。この孤立化はそれなりに歴史的意味を持っているのであるが、もちろん、責めを負わねばならない面もある。したがって、この孤立化を突き破り、街頭への道を見出すことが問題となる。われわれはわずかながらであるが、その努力をし始めている。

　現在のわれわれの孤立化を突き破る次の重要な段階は、シュプリンガー・コンツェルンを粉砕することであろう。われわれの目指すものは、四、五千人の非権威主義的学友と共に公共操作をたくらむ新聞に対して具体的攻撃をかけることである。公共操作をたくらむこの新聞を断固として排撃すること。無意識のうちに大衆を引きずって行く、このコンツェルン、この公共操作新聞、この寛容なものを排撃すること。その行動によってこそ、われわれの孤立化は克服され、街頭への道が見出されるであろう。

　ところで、多くの大衆は公共操作のからくりについて、具体的な反感を持っているものと思う。だが、これに対する具体的攻撃というものは単に学生間でだけ可能なわけではない。したがって、この具体的攻撃、われわれの孤立化を突き破り、次々と連鎖反応を起こさせて、公共操作新聞の影響を排除するようでなければなるまい。西ベルリンにおける非議会主義的抵抗運動を準備するに当って、次の重要な段階は、シュプリンガー系新聞の配達機構を、組織的、長期的キャンペーンによって阻止することであろう。そのために、組織的啓蒙活動は、カレジ、大学《ウニヴェルジテート》、高校、あるいは企業や国民代表から成る行動委員会によって行なわれる。その目標は、大衆の広般な層をして、もはや決して操作されることのない層たらしめることである。

　もしそのことが可能となるなら、ここで要求されている具体的決定的行動を実践に移すことも可能のように思われる。西ベルリンにおける具体的決定的行動とは、デモクラシーの体制を下から確立して行くために、大学の外部にいる少数者（Minderheiten）を動員して行くことであろう。デモクラシーの体制の下では、官僚制や諸政党などによって、公共性が上から操作されるようなことがあってはならない。これが、西ベルリンにとっての、具体的決定的行動であるだろう。

質問　暴力行使の問題について。あなたはこれを、一般的に言って、意義深いものと思っておられるのかどうか。

質問　現状における暴力問題と、抵抗運動の組織問題について。後期資本主義下においては、暴力は既成の事実となっているのであるが……。ところで、あなたはこう述べられた。つまり、意識を目覚めさせる啓蒙は、単に討論し合うことによってだけ行なわれるのではなく、デモンストレーションをかけることによっても、感覚的かつ効果的に行なわれるものである、と。あなたのこの見解は正しい。しかし、このデモに際して、いわゆる良識的な政治規範を離れたような組織をいささかでも動員しようとすれば、現行制度は、超官僚主義や物理的暴力意志の一部を直ちに発動させるものなのである。

超官僚主義的制度と比べて、武器なき抵抗組織の不利さ——ことに、執行権力の持つ暴力装置は、このような抵抗組織を物理的暴力をもってつき崩そうとしているのであるが——を考えもせず、ハーバマスはハノーヴァーで、この抵抗組織を左翼ファシズムなどといって非難をあびせた。彼の言いたいことは、このデモンストレーションが体制の暴力を誘発した、というのである。ということは、今日の抵抗運動がすべからくマゾ的に自己否定的であれ、ということである。私はハーバマスの言うことなぞ、まったくナンセンスであると思う。だが問題は次の点にある。つまりそれは、武器なき抵抗運動をいかにして組織するかということ、革命的暴力を公言しているのに、明白な非暴力状態がいかにして可能であるかということである。その上、次のことも配慮しておく必要があるだろう。即ちそれは、シット・イン、ラヴ・インなどというアメリカ的デモの形態、様式化された抗議形態が、警察の攻撃、執行権のもつ暴力装置からの攻撃に対して、支離滅裂な反応を示すようなことのないように、ということとである。多分、あなたが述べられたようなアメリカ的デモの形態なら大丈夫であろうけれども……

再び言うが、官僚的暴力に対して、明らかに非暴力的な運動態をいかにして組織することができるであろうか。この官僚的暴力は、現体制下において、即ちギャンブル体制下において、まったく超因襲的な武装をしているのである。これに対して、具体的・革命的・暴力的宣言を発している武器なき抵抗運動が、いかにして可能であろうか。

質問　非議会主義的抵抗運動について。これは、現行法を肯定する立場から見るなら、ある時点において、まったく非合法の領域に踏み入らざるをえない。しかし、現行秩序を少なくとも擁護しようとする者は、現行法を積極的に肯定しようとする。ところが、ドイツにおいては前衛集団と称する連中が問題をずらしているのである。われわれの抵抗運動は、本質的には、現行法を擁護しようとするところにある。その意味でなら、下位の法益を上位の法益の下に従属させ、例えば、フリッツ・トイフェル氏の言うような自由のために闘うのは、決して非難されるべきことではあるまい。われわれの非議会主義的抵抗運動に、決して現行法を否定しようというのではないのである。だが、ドイツにおける現行法は、事実上の暴力と公共操作機関とによって破られている。それが、われわれの論議の対象でなければならないであろう。ドイツ人の精神性は非常に現状肯定的なのである。大衆の多くもまた、イラン国王の訪独に反対している。だが、卵をぶっつけるなどということは厳禁されてしかるべきである。それゆえ、ドイツにおける成文法を護るためには、ある程度下位の法益など、犠牲にせざるをえないのだ、とはっきり言う者が出てきても仕方のないことなのである。

質問　具体的・建設的なユートピアについてお尋ねしたい。この問題に関するマルクーゼ氏の解答も、ドゥチュケ氏の解答も共に十分ではない。なぜなら、両者とも、ある面でプエルトリコ人にとっても好ましい組織を目指すこと、他の面でシュプリンガーなどとはなんの縁もない組織を目指すことだ、などと言っているにすぎないからである。このような消極的言いまわしは、ユートピアに関してなにか積極的見解を述べたことにはならない。それゆえ、ユートピアについての積極的見解が述べられてほしいところである。

次に世界的規模での抵抗運動について。この抵抗運動は、現体制に抵抗する限りで、存在している。だが、現体制に抵抗する限りで存在するとは、同時にまた現体制に制約されていることでもある。この抵抗運動の具体的形態は、著しくさまざまであり、己れの中に相矛盾したものを持っている。したがって、このような抵抗運動の世界性とやらに希望を託すなどということは、およそ非実現的である。

そのようなわけで、既成の組織の中にある可能性を利用してはいけないのだろうか。既成の組織を使えば、下部組織の末端にまで意識化、高揚化をはかることができるはずである。それゆえ既成の組織を使う効果性の問題は、極めて重要な問題である。

非暴力主義は、体制側の暴力を再生産するゆえに、極めて問題であるという意見は、理論的には確かに正しい。だが、暴力主義を押し通すならば、あるいは結果的に非人間的なものにならざるをえないという、皮肉なおまけがついてくることになる。ここに、私は、暴力か非暴力かという理論と実践上の矛盾を見る。つまり、ヒューマニズム的運動としての原則の保持か、ヒューマニズムの放棄か、ということである。もし、マルクーゼ教授が非暴力的抗議についてのこの矛盾をはっきり解明して下さったならば、たいへん幸いであったのだが。

マルクーゼ　まず、あなたの質問を要約してみなければならない。

最後に述べられた矛盾というのは、まったく私の見解を誤解しておられることに基づく。非暴力主義は戦略原則として適用され、鼓吹されねばならないなどと、私は主張したおぼえがない。また私は、ヒューマニズムと非暴力とをイコールで結んだおぼえもない。むしろ、私は、ヒューマニズムの観点から当然暴力にうったえざるをえない状況があるということを、お話ししたまでのことである。

現行諸政党の枠内で、ラディカルな変革を目指す活動が可能であるような状況、そのような状況がありえないかどうかという質問について。そのような質問には、一応イエスと答えておこう。実際、それはやれるかどうかの問題にかかっている。あなたの経験上、あなたの意見を率直に聞き入れるような集団なり、地域的組織なりがあると判断されたなら、もちろん、その集団のなかでやってごらんになればよろしいかと思う。私は、私の経験から申し上げて、大政党の変革を内部から起こすなどということは不可能であると述べたまでのことである。その意味で、私は四十年前と同じように、ペシミストなのである。

抵抗権の問題について。寛容について書いた私の論文の中の引用符は、政治学上の古いテクニカル・タームとして取り扱ったという、単純な意味で理解していただきたい。

さて次に、たいへん問題となるテーマをとりあげてみよう。というのは、抵抗権をぜひとも必要とする者は、現行法に抵抗したいための根拠として、むしろその抵抗権を持ち出してきたのではないのか、という問題である。つまり、抵抗権を援用するのはあくまでも副次的相対的なことであり、本心は、限定された集団の特殊な利害を主張すること以外の何ものでもないのではないのか、という問題である。この問題を歴史的に回顧してみるなら、そのような理解の仕方は、決して抵抗権学説の本来の意図ではない、ということである。抵抗権を援用することは、より高い法を援用することであり、普遍妥当性を持つものである。抵抗権学説は常にそう主張してきた。つまり、抵抗権というものは、限定された集団の限定された法なり特権なりを越え出ているのである。実際、抵抗権と自然法との間には、密接な関係がある。ところで、あなたは、そのように普遍的でより高い法など、あるわけがないと言われるかも知れない。だが、私はあると思う。もちろん、今日われわれはそれを自然法と呼んでいるわけではない。だが、われわれに対して、現体制に抵抗する権利を与えるものは、特殊集団の相対的利害以上のものであり、また、われわれ自身が定義したものより以上のものである、ということが言いえて始めて、われわれは、そのより高い法に基づいてデモをかけることができるのだと思う。さらに具体的に言うなら、われわれが、あらゆる搾取と抑圧とを破棄するヒューマニズムの法、平和に基づくヒューマニズムの法を拠りどころとしてこそ、そのような法は、自分勝手に取りきめた特殊集団の利害ではなく、まさに一般的な法として、デモをかける際の基礎となりうるだろう。それゆえ、今日もなおかつ、われわれは抵抗権を相対的な法以上のものとして要請しうるし、また、そのようなものとして、要請しなければならないのである。

寛容的態度をとる場合は、ある限定された状況における限定された行動に限られなければならない、ということを付け加えておこう。私としても、そのような状況をよくわきまえてきているつもりだ。討論がそのままデモなり、その他の行動形態なりに移行せざるをえないような状況下に、われわれは長いこと置かれてきている。そのことを、私は講演の中で述べておいた。われわれのデモがどれほど非暴力的であろうとしても、体制側は逆にますます暴力的になるのだ、ということを計算に入れて置く必要がある。したがって、われわれは、合法的なデモ、平和的なデモ、焼香デモなどで甘んずるわけにはいかないのだ。以上述べてきた理由によって、非暴力的デモを組織するなどということは、一般的に言って意味のないことなのだ。われわれが常に予定に入れておかなければならないことは、現体制は現体制のもつ制度化された暴力をいつでも発動させる用意をしている、ということである。とはいえ、もちろん、流血を伴わないデモの形態がありうる、ないし、ありうるにちがいないという仮定を、否定してはならないだろう。残念ながら、目下のところ、われわれは流血的デモを遂行しなければならない状況にあるのであるが。私の聞きおよんだ限りでは、現在ベルリンで、流血を伴わない抗議形態があみ出され、すでにそれなりの効果をあげているそうである。私の申し上げたことが、お解りいただけただろうか。私はこれ以上、付け加えて申し上げることもない。

今、私は何がしか危険性を感じている。われわれは、もともと現行法を肯定し、維持しようとする傾向をもっている、とあなたは主張された。それは正しい。われわれが民主主義におけるブルジョア的自由権を守るということは、事実、現体制の法を守ることになる。だが、それではあまりに単純すぎる。例えば、警察や警察に対する指令もまた現行法なのであり、現状肯定的な法なのだ。一般的に、確かにわれわれは民主主義を守るのだ、ということは言える。だが、原則的民主主義を守るために、自覚的に現行法に違反した行動をとる、あるいは現行法に違反してもいい権利を保有する、などということをいちいち口先だけで言ってみたところで、現実が変わるものでもなかろう。

質問　アメリカ社会に比べて、ヨーロッパ諸国における労働階級の役割について。われわれは、単純にアメリカ社会のモデルをヨーロッパ社会に置きかえて考えることができるだろうか。アメリカとヨーロッパの差異は、単に歴史的、経済的なものばかりでなく、社会的なものでもある。ヨーロッパ社会に比べて、アメリカ社会の特質は、その矛盾を少数集団へしわ寄せしうる可能性をもっているということである。ヨーロッパ社会はそのような可能性をもち合わせていない。なぜなら、ヨーロッパ社会には、そのような少数集団など存在しないからである。学生たちは、失業問題をかかえた少数集団とはいいえない。私はまた出稼ぎ労働者をも、その意味で少数集団と見なしたくない。なぜなら、出稼ぎ労働者はいつ何時でもヨーロッパを出ることができるからである。ところがアメリカ社会の少数集団は、そう簡単にアメリカを去ることができるわけではない。したがって、永久的失業者の問題は、潜在的にアメリカ社会のすべての労働者にありうる問題なのである。現在の状態なら、すべての雇用労働人口の七〇パーセントは、失業の危険を感じているといっていい。しかも、そのような状態は、労働力を動員するに当って、本質的に必要な契機であるように思われる。つまり、このような問題は、来たるべき戦略についての討論にとりあげられてしかるべきものであろう、ということである。

質問 ベルリンにおける政治的実践活動について。私は、ここベルリンにおける非寛容的行動について、ある危惧を感ずるのだが……。もちろん、私は物理的にぶつかって行く行動に危惧を感じているのではない。私の感じている危惧は、ある世論、いわば心理戦とでも言うべきものについてである。これには、アジ演説者も、基本的線をふまえていないかぎり、動揺せしめられてきている。しかも、動揺せしめられるアジ演説者は、個人として動揺しているのではなく、事柄の本質上からして動揺しているのであり、彼の終極的目標を求めて動揺しているのである。いかなる立場からであろうとも、ラディカルな姿勢、決定的態度、あれやこれやの疑惑を超越した立場をとるなどということは、むしろ容易なこととなのである。そして、ここベルリンでは、現体制の代表者どもが最も安易に、自信に満ちた話し方をするのは疑うべからざる事実である。なぜなら、彼らは疑惑などもともと持ち合わせていないからである。したがって、左翼抵抗運動が、ここベルリンでもはや、本格的に展開されえないということにでもなれば、それは現体制にとって、あのピイルス王の勝利にも比べられる犠牲の多すぎる勝利となるだろう。なぜなら、もし抵抗運動が敗北したら、事物が真に考え抜かれるということもなく、それ以後の抵抗運動なども真剣に遂行されることがなくなってしまうからである。

質問 われわれすべてが独自の態度、批判的洞察を求めていると、今日ここであなたは指摘された……。しかも、あなたは、そのことを左翼陣営の中にあるもろもろの傾向を理論的に分析することによって、指摘された。だがその際、あなたは、一枚岩的ドグマ的集団についての批判はついぞもらされなかったように思う。

非寛容の問題および抑圧的寛容の問題について。抑圧的寛容は、大学当局および教授陣と批判的自覚的な学生との間に現に存在している。大学の自由（Akademische Freiheit）とは、われわれが決定的な瞬間に立たされるという歴史的状況下においてこそ、抑圧的寛容と闘わなければならない筋合のものである。それゆえ、大学の自由とは、各人が各人の望むところにしたがって、教授と講座とをまかなうことができることをいう。したがって、われわれの義務は、大学における自主講座（Gegenuniversität）の枠内で、批判大学（Kritische Universität）を組織することである。そして、われわれの寛容は限界に到達してしまったこと、つまり、われわれは、破壊的・非人間的目的への科学の悪用という決定的な組織を断固として弾劾するのだということを、明らかにしなければならないのである。

そのようなわけで、マルクーゼ氏にお願いしたいことは、あなたがあなたの著書の中で述べられた提案を実践に移していただきたいということである。即ち、科学の悪用に関する資料センターを設けることである。科学の悪用は――文字通り科学的手段をもって――ベトナム戦争を遂行し、ラテン・アメリカ諸国を脅かしつつ類似の戦争を準備するといった極めて恐るべき形態をとっているのである。この科学の悪用ということは、大都市においても行なわれている。この事実は、したがって、われわれが決定的な行動に出なければならないかどうかということと関係してくる。この問題は、ここベルリンで常に問われてきた。さらにこの科学の悪用ということは、現在の政治経済的体制の維持強化にも駆使されている。この現体制は資本主義の擁護と、知性の否定とを目指しているのは言うまでもない。商品の耐久寿命が短く、定年制が早く、もろもろの能力がすぐにもすり切れてしまうのは、現体制のねらうところである。つまり、この体制は己れ自身を再生産して行くために、われわれ自身の労働力を否定せずにはいられない。このような現体制に対して、われわれは、われわれ自らを守らなければならないのである。われわれは、決定的行動形態をとることによって、われわれ自らを守ることができる。したがって、われわれは、少なくともわれわれの労働力の一部を自ら組織し、これを枯渇させてしまったり、孤立化させてしまったりすることのないように努めなければならない。大学自体の一部を再組織し、われわれの手中に収めることも同目的である。その結果は、政治的に効果のある解放となるだろう。そしてまたその結果は、現体制に買収されてしまった破壊的な既成の講座、荒廃した退屈な講座からの、満足すべき主体的解放ともなるだろう。批判大学は、このような目的のために努力するものである。

質問 これは疑いない事実であるが、われわれの多くが試験をボイコットしているのは、われわれが愚鈍だからとか、怠惰だからとかいうのではない。われわれの試験ボイコットの理由は、現体制を維持するのではなく、これを根本的に変革するには、「大学という比較的安泰な地盤」においてのみ、その具体的実践を先取りしうると考えるからである。

あなたは現状において、ドロップ・アウト（授業ボイコット）の可能性をどのように見ておられるのか。われわれは、ベルリンにおいて既にドロップ・アウトを試みてきた。そしてわれわれは不当にも非政治的、あるいは非文化的といってののしられてきたのである。あなたは、学生のもつ革命的潜在力の可能性をどのように見ておられるのか。今や、学生のもつ革命的力は、潜在的なものとして大学問題を素通りしてしまい、ブルジョア的英雄的生活の中で没落せんとしている。この瞬間において、学生たちが国際的に組織化されるかどうかなどということは、さして重要ではないのだ。そのようなことなら、われわれは既に西ヨーロッパで試みている。そうではなく、われわれにとっていま重要なのは、新しい試験制度を求めてわれわれ自身が組織化されるかどうかということなのである。

マルクーゼ　それは事実、極めて重要な問題の一つである。その問題について、アメリカは、ここドイツよりも更に多くの難問をかかえている。ここドイツでは、一般に試験なしで数年間勉強し、それから他の大学へ転籍することができるが、アメリカでは、そのようなことは不可能である。それにアメリカの学生にとっては就職口を探すことが先決であり、したがって、学生抵抗運動という輝かしい日々は、たちどころに過ぎ去ってしまう。それゆえ、いまアメリカでは、なんらかのメカニズムを作ることが急務となっている。そのメカニズムとは、学生時代、抵抗運動にたずさわっていた者が、その後も抵抗運動にとどまれるようなものである。いかにしてそのようなメカニズムを作るかということは、個々の具体的事例に即して考えられなければなるまい。それにしても、来たるべき社会の生産過程において、インテリゲンチャがいかに重要な役割を果たすかということを考えれば、大学卒業後も、そのような抵抗運動を持続させることの重要さがわかろうというものである。

ヨーロッパの労働者階級とアメリカの労働者階級との差異については、すでに述べておいた。この問題については、私は質問者の意見に同意する。しかし、アメリカ資本主義は、その矛盾を少数集団に転嫁しうるという意見には賛成いたしかねる。そのような理解の仕方は、資本主義の実状にあわないものと思う。資本主義の本質的矛盾は、結局、少数集団に転嫁しうるようなものではない。

一方、われわれは現行の権利を擁護もする。即ち、なかんずく大学の自由といわれるものがそれである。われわれは、大学の自由を主張しなければならない。大学の自由の一部は、学生の権利でもある。もちろん、それは、教室における学生の権利であるばかりではなく、大学のキャンパスの中で討論をし、デモをする権利でもある。それらの行動は、常に、権利として、大学の自由の一部として見なされるべき筋合のものである。

ところで、大学の自由が悪用される場合もある。破壊の目的のため、特にベトナム戦争遂行のためなどということに、科学が悪用される場合が、そのよい例である。そのようなわけでアメリカの大規模な大学のいくつかは、すでに次のようなことを決定している。つまり、大学は、政府の立場や、生物学的、化学的兵器を製造しているような企業とは、もはや関係を持たない、と。これは、他の助力を頼むことなく、みずから物質的基礎を作りあげ、集団を形成してきたごく少数の人々の努力の結果であったことは、言うまでもない。だが、科学の悪用に関する資料を集め、科学の悪用を阻止する努力をするのは、なまやさしいことではない。しかし、それにしても、この仕事が、極めて重要な課題の一つであることは、改めて述べるまでもないことである。

〔シンポジウム〕

過剰社会におけるモラルと政治

司　会　ヤコブ・タウベス
出席者　ヘルベルト・マルクーゼ　レーヴェンタール　シュヴァーン　クレッセンス　ペーター・フルト　ルディ・ドゥチュケ　ヴォルフガング・ルフェーブル

タウベス　一九一九年、マックス・ウェーバーが、ミュンヘン大学の学生たちを前に、「職業としての学問」と「職業としての政治」という対となる二つの講演をしたことがある。その中で、彼は、心情倫理と責任倫理とを、鋭く区別した。倫理的態度の支点を、心情におくか、責任におくか、の二つの型のことです。ところで、ウェーバーのこの区別は、道徳と政治との分離を志向している。権力を政治の原理として弁護し、道徳原理の尊厳を配慮する立場からウェーバーは、倫理命令と政治戦術とが同じ次元で論じられるという混同に、反対したのです。ウェーバーのこの見解に対して、マルクーゼさんが、ハイデルベルクの社会学者会議で行なった批判をご記憶の方もおられるだろう。その批判は、的を突いたもので、今日の学生の反体制運動に、批判の武器を提供したものだ、と言っても、言いすぎではない。ところで、ウェーバーが取り上げた問題が、今日、新しい歴史的様相のうちに現われている。今日の職業としての学問、今日の職業としての政治、ここでいう「今日」とは、つまり、「過剰社会における」という意味です。われわれの歴史的位置の新しさは、社会が人間生活を人間的なものに解放する能力を持つ、少なくとも、技術的にはそうする可能性を持っている点にある。貧困や悲惨の除去も可能だし、過剰抑圧の排除も可能です。だが、これらの可能性は、現存の組織や支配によって阻止されている。だから――これこそマルクーゼさんのテーゼの核心だと思うのだが――それだから、自由な社会実現の歴史的可能性は、今日、次のような形態のうちにある。

一、（歴史の）連続よりも、むしろ、断絶を、

二、（現状の）肯定的・社会改良的なものより、むしろ否定を、

三、量的進歩よりも、質的差異を

示すような形態の中に、自由な社会形成の可能性が潜むというのです。新しい技術の中に示された可能性が、ふたたび、抑圧の可能性とならないためには、そして、技術が本来の解放機能を果たすためには、この技術が、解放された新しい諸欲求によって駆使されねばならず、新しい人間《ホモ・ヌーヴォオス》の手に担われる必要がある、とマルクーゼさんは、主張する。

　ところで、批判的理論が、醜悪さの点では一向に変りばえのしない社会の改良という道を辿りたくないなら、その理論は、いま述べたような法外な可能性、質的差異という「憤激の種」を、自分の中に取り入れる必要がある。マルクーゼさんが、ごく小さなサークルで語られたものだが、その全政治理論の先駆となっている哲学テーゼを、以上私が要約してみたわけです。マルクーゼさんの真意を歪

めてはいないと思うし、ここから、一連の極めて問題性を孕むテーゼや分析がえられると思う。われわれの討論のテーマ「過剰社会におけるモラルと政治」、このタイトルからしてすでに、問題の厄介さを予示している。

さて、閉じた体制としての過剰社会は、人間解放の真のチャンスがわれわれの前の地平線上に現われているのに、支配体制を盲目的に再生産するだけだ、と言うのだが、私は、次のような質問を、ここでの討論に先だって出しておきたい。

一、このような分析は、現代社会の構造に的中しているか。

二、現代社会の中に、連続性を損なわずに、しかもなお人間の解放を志向するような変革の道は、ありえないか。

三、この全面的拒否や拒絶が、低い次元の文化状態へと陥没する危険はないのか、また、同時に、レーヴェンタールさんが鋭く定式化されたことがあるように、堕落した統合に落ちこむ危険はないのか、それとも、この拒否が、工業社会の神経過敏さや体制そのものを根本的に変革できるような発展的傾向を持っているのか。

（ここで、シンポジウム参加者の紹介。ヘルベルト・マルクーゼ。シュヴァーン教授。クレッセンス教授。レーヴェンタール教授。ペーター・フルト。ルディ・ドゥチュケ。ヴォルフガング・ルフェーブル）

レーヴェンタール　マルクーゼさんのご希望でたてられた「過剰社会におけるモラルと政治」とい

うテーマは、昨夕、マルクーゼさんが最後に述べた言葉の意味で理解されねばならない、と思う。モラル、それは、われわれの文化の根底となるものであって、マルクーゼさんが、現代社会の現実に対する対決的批判をする際の手がかりとなる。彼がこれまでの著作やここでの講演の中で、到達した結論は、このような根本的価値の意味でモラーリッシュであろうとするものなら、われわれが住む現代社会の強制体制に協力できない、たとえ批判的態度にもせよ協力できず、この圧制組織に全面的《トータル》反対の態度を取らねばならないというものです。このテーゼに、私は異議があるので、まず、このテーゼを問題としたい。もちろん、ここでの討論のような狭い枠の中では、ただ、このテーゼについて、二、三の個別的具体例や問題をとって、論じることができるに過ぎない。私は、まず、このような体制が全的に現われる問題を取りあげてみよう。体制の本質が全的に現われるのは、何よりも、外交政策の面である。昨日、マルクーゼさんが強調されたのは、西の体制がくり返し戦争を生産すること、そして、この体制に対置される東の全体主義体制がさまざまな批判点を持っているにもかかわらず、とにかく、膨張的でも侵略的でもない、ということであった。私は、ここベルリンでそんなふうに言われるのは、たいへん大胆だと思う。なぜなら、このベルリンで、われわれは、ヒトラー戦争後、東の膨張政策を誰でも体験している。もちろん、ひとによってこの膨張政策を歴史的に正当だと見なすことは勝手だが、膨張の事実そのものを否定することはできない、と私は思う。また、朝鮮における戦争を西側資本主義だけの責任とするのも、同様に不可能だと思う。また、現在、近東で起こっている事態は、確かに、東側の侵略性を物語るものではないけれども、しかし、東の勢力伸張に全く無縁ではない。一方、西の体制による戦争の必然的再生産というテーゼは、ここ二十年来、それほど十分な実証性を持たないように思う。確かに、とりわけ、ドイツ・ナチズムは、資本主義世界の産物であった。けれども、ソビエト体制もナチの共犯者という点では、西側体制と、変わりないと思う。皆さんご存じの独ソ不可侵条約のことを考えて下さればよろしい。他方、西側世界において、二十年このかた、ある種の戦争要因の消滅、すなわち、伝統的戦争要因である帝国主義的抗争の消滅を、確かに、われわれは経験している。また、別な戦争、植民地戦争があって、そのうちでも、われわれが現に関係しているのは破廉恥なものであることは確かである。けれども、西側の民主主義諸国において、この植民地問題を平和的な形で解決しようとする傾向があるのも確かな事実だし、このような戦争について批判的論議もされてきている。要するに、私がこの第一点について言いたいのは、資本主義体制は必然的に戦争を生産し、社会主義体制は膨張的でもなければ侵略的でもない、という図式は、事実に依って正当化されない白黒画である、ということだ。次に第二点、討論を始めるにあたって、タウベスさんが、現代の技術的基盤の上での人間解放の可能性と、われわれの住む体制がこの可能性に逆らう形で支配を再生産している事実を言われた。現在の体制が支配を再生産している点には、疑いがない。けれども、現代技術の基盤の上に支配のない状態が可能だという点は、証明されていないし、現代の技術についてわれわれが知る一切に、矛盾している。

それは若きマルクスが近代のテクノロジーに対して持った期待であった。それは、資本主義社会を経て、階級や支配のない社会での人間の全的解放へと進むことができる、という歴史哲学的希望の根拠であった。昨日、マルクーゼさんが言われたことは、歴史がこのコースとは違った道を辿ったことについての憤慨から発している。だが、なぜ歴史が違ったコースを辿ったかの分析が、そこには欠けているように、私には思われる。世界史を、コースを外れたとして裁くだけでは十分でない。指導する仕事と執行する仕事との職務上の分離や、官僚制化が止揚されずに、むしろ、発達した社会においては強化されてきている、という事態をもたらした社会的諸前提の理解こそ、不可欠である。今日、現代社会に人間性を与える試みは、このような事実を計算に入れる必要があり、ただ、この事実に謀叛を起こすだけではこと足りない。他方、現代社会は、かつて革命的な階級であった労働者階級の体制内への組み入れを、操作技術としてだけでなく、この社会の成果によって、実現した。こういう事態は、この社会が欲求達成の技術的可能性をつくり出したことだけでなく、また、この社会が、周知の浪費・醜悪・腐敗の現象を持っているにせよ、同時に、人類の大部分に対して悲惨や生活不安の除去の達成をかつてない水準で実現したことによって、生じたのである。そして、今日なお、人類の大部分を占める低開発国の人たちが度外れた飢えと悲惨さの中にある事実を――マルクーゼさんも、そう考えてはいないはずだが――単純に、非歴史的に、資本主義社会の産物だと極め付けるべきではないと思う。悲惨・危難・生活不安・病気・死などは、過去何千年を通して、人間の変わらぬ宿命であった。そして、やっとわれわれが今日それらの跳梁を抑制し始めたこと、これが、現代テクノロジーの大きな成果であり、この技術の社会的統御が緒についた成果なのだ。産業労働者階級のますます強まる体制内組み入れという事実は、このような成果との関連で理解されるべきで、それを単に嘆くべきでないと思う。最後に、分析の結論に関してただ一言。昨夕、マルクーゼさんに対して、あなたが閉ざされた体制をいう場合、その体制に代えて何を据えようとされるのか、という質問が出されたた。その際、マルクーゼさんは、現時点で体制機構に関する処方箋を詳しく書くことなど学問的に有効とは思われない、と答えられた。この点については、マルクーゼさんは、内輪の論議の中で、マルクスがかつて描いたような新しい社会の一般的発展方向を、今日でもなお、決定的で方向規定的なものと思う、と答えられた。そこで、私はこのような方向、つまり、階級のない社会や支配のない社会への志向の堅持は、今日のテクノロジーの実際のあり方とどのようにして結びつくか、お聞きしたい。さらに、私は現行体制の全面的破壊へのアピールが建設的な目標を持たない時、それは、マルクスや、さらに、「破壊の意欲は創造する意欲だ」と主張したバクーニンの思想とすら無縁な事態へと導く可能性があることに、注意を促しておきたい。だが、そんな事態の招来はマルクーゼさんの意図でないのは、承知しているし、それをマルクーゼさんの責めとするつもりも少しもない。私が問題とするのは、何を志向しているかではなく、何が帰結するかであって、すでに、その帰結がいくつかのケースで現われてきている。

マルクーゼ　レーヴェンタールさん。破壊への志向、破壊の意欲が私の真意でない、とあなたが言われるのは、正しい。事実、私の考えはそれとは非常に違ったものである。それから、あなたは、破壊の帰結のことを言われたが、そんな帰結など、これまで真実どこにも見当たらないのだから、それを持ち出す必要がどうしてあるのか、私には少しも分からない。建設的な目標を持たない破壊の政治学など、もちろん否です。私や反対制運動が志向するものは、破壊のためにする破壊の政治学とは、全然異なったものです。問題を簡単にしてみましょう。もし、刑務所の代わりに住宅を建てようと望むなら、実際、その刑務所を取り壊さねばならない。そうしなければ、住宅の建築を始めることすらできない。その上、刑務所の代わりに、住宅を建てたいという意志の自覚を、われわれが持っている必要がある。それは、あなたの言われるとおりだし、その自覚はわれわれも持っていると思う。だが、刑務所の取りこわしを始めるに当たって、なにも住宅の詳しい建築プランを持っている必要はない。刑務所の代わりに住宅を建てる意志と力の自覚が前提としてあればよいと思うし、また、まともな住居とはどんなものか、ということを知っていることが肝心であって、この点の知識で十分だと思う。個々の細かい点は、もちろん、後になって把握できるはずである。決して、私は、破壊の意欲にのみ支えられた政治学のことなど、陰にも陽にも主張したことはない。さて、私にとって、はるかに重要なものは、われわれが反対する社会体制の持つプラスの側面について、あなたが言われたような点についてです。その点こそ、私が、くり返し問題とし、批判していることなのだ。ここで、私はこの点の問題がもつ由々しさの指摘から話しを始めたはずです。われわれが反抗して闘う相手は、テロ社会ではない。また、機能しえないことをさらけだした社会でもないし、体制統合がくずれつつある社会でもない。われわれが戦う相手は、極めて順調に機能している社会である。いや、それどころか、貧困や悲惨の除去に成功した社会、従来の段階の資本主義には成しえなかったほどに、それらの除去に成功した社会がわれわれの闘う相手なのだ。弁証法的に思考する者にとっては、次のように言われるのは不愉快なものです。すなわち、別な側面を、それ自体としてではなく、楯の両面として見ろ、と言われるのは。さて、事態はどうであろうか？　現在のアメリカで自由を持っていると思っている大多数の住民にとっては、考えられもしないような生活水準と快適さを備えている、というのは確かにそのとおりだ。しかし、また、別な事態の存在を、われわれは知っているし、感じてもいる。すなわち、ベトナムで戦争をし、世界いたるところに、抑圧的警察国家や独裁国家を据えるような社会を、われわれは持っている。それだけではない。その首都においてすら、少数人種や民族を第三階級の市民として待遇する社会、その富を未曽有の仕方で浪費しているような社会を持っているのだ。そして、さらに悪いことには、近年になって明瞭になった点は、このような状況が、生活の本質的改善や自由の大部分をもたらしたのだ、ということである。アメリカでだったら、こんなことを言うべきかどうか幾度となく考え込まざるをえないところだが。アメリカにおける自由は、実際には、それほど大きなものではない。そして、自由が本当に保証されているのは一体誰なのかを、よく観察してみる必要がある。暴力的圧政によって、自由が制限されているというのではない。だが、上品な振舞いをしない者、いかがわしい人物と交際したり、ニグロを招待したりする者は、望んでも、まともな職業にありつけないのが現実なのだ。これが自由の経済的社会的制限である。このことは暴力的圧政でなくて、運が悪いというのかも知れない。けれども、これは、この民主主義社会においての自由と平等との極めて重大な制限だと、私は考える。生活水準の向上の中での快適さと、一面的で、これまでと違った形での抑圧を受ける自由とのこのような並存の姿、この姿を、ここ何十年来、われわれは眼にしている。しかもこの自由の抑圧は、国外にも向けられていて、新植民地主義＝帝国主義を打倒しようとするすべての試みに敵対する組織的戦いに役立つような形で働いている。このわれわれが眼の前にしている姿は、なにもベトナムにおいて初めて現われたものではない。それは、もっと以前からあったものだ。このような矛盾が、過剰な社会の上に重くたれこめている。このような矛盾は、反体制運動を正当化する、と私は考える。

先にも言ったように、ここに新たな要素がある。ここ数年来、ベトナム戦争以来、明瞭になったもので、社会の途方もない野蛮化、非人間化である。たとえば、アメリカの新聞をご覧になるといい。毎日、どの新聞でも、見出しが「アカを一六八人殺害」などと、誇らしげに報じている。殺害殺傷された人数のこのようなプロパガンダ。読む人の気分を悪くするような言葉を使ってのこんなプロパガンダが載っている。殺傷効率《キリング・レート》が問題とされる。今日の殺傷効率は特に犠牲が大きかったなどと。こんな記事を、非常にしばしば、読むことができるだろう。これは小さな事柄ではない。私にとっては、これは過剰社会の本質を明らかにする事柄です。こんな事態が続くなら、現在なおある自由も、極めて速やかに取り除かれてしまうのではないか、と私は不安を覚える。

それにもかかわらず、この体制の業績を、常にわれわれの反体制運動の中で、考慮に入れなければならない。そして、危機に陥っているこれらの業績のために、また、これらの業績にもかかわらず、この体制と徹底的に闘う必要がどうしてあるのか？　この点の明示に、われわれが成功していないのなら、われわれは基礎的啓蒙的仕事を、まだ成しとげたことにはならないはずだ。

第二点、すなわち、支配のない社会の可能性。近代の技術が、マルクスが描いたのとは異なった軌道を辿った、というレーヴェンタールさんのテーゼに関して。私が嘆くだけで、歴史が違ったコースを歩んだ理由を分析する試みをしていない、とレーヴェンタールさんは、私を批判された。けれども、私は拙著『一元的人間』の中で、そのような分析を試みたつもりである。資本主義が、その特権的寡占・独占の支配条件を保ちながら、労働者階級の実質賃金や生活水準を引き上げることを、その体制内で成しえたのは、マルクスの評価をはるかに超えた資本主義生産力による、と私はあの著作の中の分析で指摘した。また、社会主義や共産主義が示した、マルクスの理念から外れた発展は、具体的・

物質的・歴史的概念の中で、どのように説明されるのかの問題にも触れておいた。この点の解明は、程度の差こそあれ、すでに良く知られている事柄である。つまり、歴史的に説明のつく理由から、社会主義革命が成功したのは、高度に発達した工業国ではなく、ヨーロッパの後進国の一つにおいてであった。そこで、成立以来、東の社会主義＝全体主義は、西のますます強力になる資本主義との絶えざる闘いの中に立たされた。この歴史的展開は、当然、社会主義の内的発展にも影響を及ぼさざるをえないグローバルな発展であった。歴史は別な経過を辿った。だが、歴史のこの異なった経過そのものは、また、マルクス的概念の中で理解できるものです。支配の消滅ということ、これには誤解があると思う。技術発展の結果、支配消滅の可能性が生じるとは、マルクスも、また、私の知る限り、他の誰も、主張したことなどはない。近代の技術それ自体は、未曽有の支配手段となりうるし、現に、われわれは、近代技術が事実、歴史上かつてなかったほどの支配手段と化したことを眼にしている。支配のない状態とは、決して、一切のヒエラルキーの欠如を意味しない。昨日の話しの中で、合理的な権威と支配との区別に触れておいた。それは古典的な概念です。つまり、人間の人間に対する支配が、人間の物に対する支配に変わる、と言ってもいい。支配一般の廃棄ではなくて、圧迫や搾取の上に成り立つ人間に対する支配の廃棄が問題なのです。これは大きな違いです。

次に、最後の点、ソビエト全体主義に関する私の評価について。ソビエト全体主義は、良く観察するなら、今日、膨張的でも侵略的でもない、という私の評価に、レーヴェンタールさんは反対された。もちろん、私も、第二次大戦の終了時に、ソビエトの手で、上からの革命の西側への輸出が試みられた事実を、否定はしない。だが、この点についてのあなたの論旨や非難は受け入れることができない。

むしろ、われわれは、どうしてこのような事態が生じたのか、その理由を理解する必要がある。その理由を考えてみると、われわれ西側や、西側の社会主義者たちに大きな責任がある。その当時、西側には、非常に多くの裏切りや未熟さがあったし、また、私が昨日のべたように、ある利害関係からする、反動勢力の反社会主義諸力との同盟が数多く存在した。ソビエトの膨張をいう際には、このような背景を考慮に入れなければならない、と私は思う。それはともかく、このような意味において、客観的には、ソビエト全体主義は膨張的であったし、現在でもそうである。この意味で、あなたの言葉は正しい。私は、もう一度、朝鮮戦争の問題に触れるつもりはない。北朝鮮からの攻撃が事実であったにしても、南からの組織的挑発が、どのくらいその原因であったか、という問題は、少しも明確に解明されていない――。だが、私のテーゼをくり返しておきたい。現在、後期資本主義体制の圧倒的な侵略膨張力にくらべれば、ソビエト全体主義は事実上、守勢であって、形を変えた仕方で、自己防衛にあたっている、と主張できると思う。昨日申し上げたように、われわれは左翼の全体主義を批判することが可能であり、また必要でもある。だが、それは左翼一般への批判や攻撃ではなかったのだ。

シュヴァーン　私は、昨夕の討論との関連で、改良か革命かという問題を取りあげて見たい。私は、ここで修正主義的改良主義として引き合いに出された立場にくみするものである。私は、現在の社会や政治の民主主義的な徹底的改革がぜひ必要だと思う。ところで、このような改革の現在ちょうどあらわになりつつあるチャンスが、少なくともある領域では、たとえば大学改革などでは、反体制運動のここで勧められたような急進さや革命化によって、まさに破綻に、危険にさらされる、と私は主張したい。私は、抑圧的過剰社会の全面的断罪――この限りでここで昨日行なわれた討論にたち返るが

――の主張中に、古い反逆の姿を見ている。このような主張の中に、現代工業社会がもつ、今日不可避的に広く分化した技術・行政・国家機構に、時には――マルクーゼさんが考えておられるのとは違うが――支配一般に対する浪漫的・空想的反抗を見る思いさえする。それは、すでにマルクスが大いに皮肉っていた思考性だと私は考える。このような姿勢によって、われわれすべてが目ざす解放は成就できない、と私は考えている。私の考えでは、現代社会においては、どんな成功した革命の成就も、不可避的に、新たないっそう全体的な専制支配を生みだし、この支配に対して、さらにまた、抵抗が加えられねばならないのだ。これは、ロシアや中国の例で明瞭だと思う。これだと、絶えざる内乱をひき起こす永久革命の思想に、必然的になってしまう。そして、このような永続的内乱は、マルクーゼさんが解放の目的として挙げた平和・安寧・幸福を獲得する為めには、永久に、最悪の手段であろう。また、解放の目的をこのように定めて見ても、それは、同じことをめざす他のすべての人間学的な努力や社会理論的・政治的努力と較べて、特殊的であるのでもない。ところで、目標・方向がまったく曖昧で、明示されていない。だが、私の考えでは、具体的目標によってのみ、質的・革命的変革への要請は正当化されうるのである。そうでないなら、論証されえない名目的な客観的真理を主体的自己決定の自由の上に据えるのは、知的傲慢になるだろう。そこには、知的主意主義が働いており、形而上学の思弁的形式への逆戻りがあるだけである。

ともかく、さて、決定的なことだが、私は革命的方向はヨーロッパでもドイツでも成功しない、いや、今後数十年にわたって成功しないだろう、という意見です。われわれは、市民権運動も、また、国民として直接、アメリカ人のベトナム戦争のような体験も、持っていない。革命的方向を広げ押し進める基盤は、常に極めてわずかで、いつも、焼け石に水のごときものだ。それだから、革命的姿勢の固執や絶対的対決の主張は、孤立化やフラストレーションを強めるだけか、さもなければ、無に終わるだけであろう。

このような反対の態度にかえて、とにかく今ある人間社会の社会的可変性や政治的多元性の可能性を十分利用して、人間社会の改革を図ることこそ重要である、と私は考える。工業社会の現実に照らしてみて、問題なのは、支配の廃棄ではなくて、支配にたいする不断の新たな抑制、構成替えやコントロールである。今なお存続している非合理的権力は、例えば、大学とか、国家とか、教会とかいう機能的な働きだけをする機構に変える必要がある。そのために必要なのは、実験を試みる実際的・共働的な態度だと思う。徹底的に反対批判する態度ではなく、状況のリアルな可能性や諸力を見逃がさず、十分くみ上げる態度、法治体制の基盤に立って、これらの可能性や諸力の現実化に寄与するような姿勢こそが必要だと考える。私はこれらの可能性や諸力が十分実現されているとはみていない。そして、このような改革の努力は、社会や政治とそれらの各部分領域の民主主義化の増進をめざすものでなければならない。しかも、それぞれに有効な原理、例えば、大学や経済・政党・議会主義的政治制度など、各々がもつ原理を配慮しながら、一般大衆的諸要素を取り入れることによって、一層の民主主義化を図ることである。このような関連において、基幹産業の国有化も必要だと考える。

こうして要請されるのは、より成長し発達した社会である。また同時に、政治的共同責任の増大に応じられる市民の教化のための制度的基盤を作る必要がある。例えば、ここに出されているAStA〔学生自治会〕の改革案や大学法案の改革案は、このような状況の中で取り上げるなら、大学における決定への学生参加を著しく拡げることができる。そしてこの学生参加の拡大は、大学の正しく理解された政治化、すなわち生産的な政治共同責任への不断の義務をもたらすであろう。こういうことが本当に民主主義的に行なわれるなら、その場合、このような政治化がどんな方向をとるかは、もちろん、前もって、確定されてはいない。だが、これに対して、アンチ大学的立場の目下の構想がめざしている大学の政治化は、大学を機能替えして、SDS＝カレッジにするか、反体制運動の理論的実践的統一戦線にしてしまうか以外の何物も結果としてもたらさない、と思う。

マルクーゼ　われわれがここで討論していることは、ロマンティシズムは形而上学である、などという問題ではない。もし、それがそうだというなら、私は、ロマンティシズムや形而上学に大いに賛成である。ただ、私はラディカリズムによって可能な改革も危うくされる、という再三聞かされる命題について、二つの命題を言っておきたい。私は、この命題の逆の場合も、すくなくとも、あるのではないか、これを問うて見るべきだと思う。すなわち、実施され、完遂された効果的改革は、その大部分が大きなラディカルな運動の展開に負うているのではないか、ということです。これは歴史によって、大いに証明されるところだと私は思う。

ドゥチュケ　私がたいへん残念に思うのは、マルクーゼ、レーヴェンタール両先生が、非常な違いがあるのに、全体主義という概念を、異なった体制の包括項目として、使われたことです。これでは、他面で歴史的解放の出発点をなしたという歴史的次元が見失われてしまう。一九一七年のプロレタリアの独裁、社会生活すべての領域に存在するソビエトという形態をとってのプロレタリア独裁を、この解放過程の出発点として、われわれは想起しなければならない。これを全体主義という概念で取り扱うなら、革命が辿ったプロセスが持っていた解放のスタートとしての歴史的次元を、われわれは見落としてしまうだろう。私はただ、現在見ることができる最後的結果だけを取り上げている。成立や発生の過程や変化の過程において捉えられずに、全体主義という固定硬直した図式の下に、異なった出発点を持ったはずのあくまで異なった両体制が一緒にされてしまっている……これが第一点。第二点は、次のようなことです。全体主義の概念のこのような紛れ込みを、ソビエト・デモクラシーなる形でのプロレタリア独裁という概念にまでさかのぼることにより、次の理由を理解する手がかりも、また得られるのではないか、すなわち、どうして革命が挫折するか、どのようにして、大衆から発する下からの独裁が、党の独裁に、結局は、国家機関の独裁に、あるいはテクノクラシーの独裁に移って行くか、を把握するいとぐちが得られると思うのだが。この後者のような場合にして、はじめて、全体主義という概念が当てはまるだろう。がこの場合、結果に対してだけ妥当するのであって、発生過程や変化過程にではないことを付言できると思う。それゆえ、私の見解では、全体主義という概念を理論的構想として考え、ロシア革命の出発点を問題にする必要があるのではないか、そして、それが党の独裁になり、ついには、党と官僚集団の中での個人的独裁になった展開過程を見る必要があると思う。

それから、こうしてわれわれはまた『経済学・哲学草稿』の中で、マルクスが二種類の共産主義を区別していた点にたち到る。マルクスは、民主主義的共産主義と専制的共産主義を問題にしていた。そして、一九一七年二月のプロレタリアの独裁が、四〇年代におけるスターリンという姿での個人独裁へ、さらに、六〇年代の独立した官僚機構の独裁へと進んだ事実、これははっきりと把握できるし、そのまま全体主義概念の下に包摂できる。そこで、われわれがここベルリンで体験したごとき、四〇年代や五〇年代のスターリニズムの膨張的諸要素は、全く、このような歴史的次元において理解することができ、そのまま、ファシズム体制と考えられ、反民主主義体制といわれるような膨張主義の下で捉えることができる。両者は赤色―黒色の違いはあるが、出発の際の、まだ明白であった目標の違いのその後の歴史的変化を、もはや、自己の中に自覚化することの出来ない反民主主義的体制の膨張主義と見なすことができると思う。

第三点。植民地問題の平和的解決の可能性が、どうして言われうるのか、私は理解できない。確かに、ここ何十年来、殊に第二次大戦後、植民地問題の進展が見られた。イギリス帝国主義の手によるアフリカでのいわゆる非植民地化があったし、五〇年代の終わりには、西側諸国に、平和的な非植民地化への期待の高まり、また、これら諸国における絶え間ない工業化過程や悲惨さの除去への期待の高まりが見られた。しかしながら、六〇年代半ばのわれわれは、四〇年代の終わりにカール・コルシュのようなマルクス主義者が見たものを、眼にしている。すなわち、今日の帝国主義の特徴は、現代の寡頭政治の最も腐敗した層と結びつき、直接的植民地主義を独立を許す形態へと解消されることが、合法性をまとっての全面的経済的従属化の再生産に他ならないということである。これは、今日見のがすことのできない事実である。ただ一つの、ここで論議されねばならない例外は、チリにおけるFreyの試みであろう。私は、チリの友人の一人が居て、討論の中で、ブルジョア議会を前に農業法を通すことがどんな意味があるか、また、それのどんな現実化の可能性があるか、について意見を出してくれないか、と望んでいるのだが。ベトナムにおいて、ゴ・ディン・ディエムの下で農業法が何をもたらしたかを、われわれは知っている。チリの友人によってこのベトナムの例がチリの事態に対して追実現され、とりわけ、この西側唯一の代表例を破壊してくれるなら、私は喜ぶであろう。

最後は、レーヴェンタール先生によって拒否された、各人の社会に対する全面的反抗の問題である。この問題については、私の見解から、次のことを言わねばならない。すなわち、この世界がうちに内包しているもの、この世界がわれわれに与えうるもろもろの可能性、なんと大きな獲得物同化の可能性がわれわれに与えられているか、などと理解しようとするものは、誰でも、われわれのための全く新しい世界が阻止されているのを理解せざるをえないはずだ。また、それゆえ、各個人が、階級の代表者としてでなく、類の代表者として、類を破滅させようと脅かしているこの体制に全面的に抵抗する必要性、類を護持し、今日可能である類の解放のためには、全面的な意味での反体制運動の貫徹が必要なことを認めざるをえない、と私は考えている。

ルフェーブル　まず、レーヴェンタールさんが、マルクーゼさんへの批判の中で引き出された結論について。その結論は、マルクーゼさんは現状に取って替わるものを積極的に描いていない、同時にしかし、彼はマルクス的な現状変革に固執している、がそれはその間に歴史がもたらした事態の変化を考慮に入れていない、法則からの逸脱の責めを歴史に帰するのでは不十分である、というものであった。

さて、ここでは、積極的な現状変革が、歴史過程の、いわば自然法的規範《ノルマ》のごとく誤解されている。なぜなら、規範は、この規範に則った目標達成のための実践の契機として理解されるべきものだというのである。それだから、社会を変革しようとする人々も、今ある社会とどれだけ違った社会が現出しうるかを証明することはできない。次に、現存の支配の立証と正当性の是認として技術的水準を引き合いに出すのは、実証主義的である。というのは、テクノロジーは自分自身の証明しかできないからである。ところで、三十数年来、正に、この技術構造が労働と支配の体制を問題的にしたのである。一九二九年および一九三二年の恐慌は、欠如の危機ではなくて、過剰の危機であったのだ。

第二に、重大だと私に思われたことは、平和的解決やわれわれの社会が本来持っている人間性などの指摘が、正に、それ本来の実態を度外視したような学問的モデルを使ってなされていることである。例えばこの大学の学生は、一度実践を試みて、この体制の人間性に血の臭いをかぎつけたのだ。第三世界の国々も似たような経験をしただろう。奴《やつ》らが、トランク片手にやって来て、投資をし、そこの政府と協定を結び、好感を寄せるような首府の友人紳士を頼れる間は別であろうけれども。ひとたび、現地政府が己れの利害を独自に解決しようと試みるや否や、奴らは、この体制の人間性の本質を感じとったろうと思う。ベトナムを見るがいい、コンゴを、イランを、その他どこなりと見ていただくと分かると思う。われわれの体制のこのような、本来の実態を映していない描写が、われわれの社会は本来大いに人間性を持つものなのだという解答を出しているのは、非常に問題だと私は思う。もちろん、われわれが学問的態度をとるかぎり、つまり、社会政治的実態を不問に付すかぎりでは、この体制の非人間性を嗅ぎつける必要は少しもないだろう。同時にまた、実際に今やこの現実を目標にそって構成することが重要だと主張する人々を、実証主義的立場から首尾一貫して、形而上学という嫌疑で責めることができもする。なぜなら、現実の中に自己実現の構成以上の構成を求めようとするものは、また、現実のそのような変革は、すべて、すでに存在したものの記録の役割を果たすことを自明としている学問の中に、確実な基礎をなんら持ちえないからなのである。

レーヴェンタール マルクーゼさんは、ロマンティシズムや形而上学というレッテルに驚かれはしなかった。同じように、私も実証主義なるレッテルに驚きはしない。それが、社会発展全体に関する一般的主張は、事実に基づいて吟味されねばならない、という意味で言われるなら、私は実証主義者である。だが、それが単なる個々の事実を前にして、もはや全体についての概念を捉えようとしない意味で言われるのなら、私は実証主義者ではない。

さて、非植民地化について一言。ドゥチュケ君が、一連の諸国において――決してすべての国ででではないが――平和的に行なわれた非植民地化本来の過程と、植民地を脱した国や半植民地的諸国の発展の今日的問題とを、区別されたのは全く正しい。しかし、ドゥチュケ君が、西側先進諸国が彼らの支配の保持のために、腐敗した反動的寡頭支配者たちと到るところで結託している、という全体像を描くのは正しくない、と私は思う。西側諸国の実際の態度は、そんなに体系だったものでなく、はるかに複雑で、いうなれば、現実主義的である。つまり総じて、西側諸国は、共産主義世界との対決という点での権力利害に従って行動し、腐敗した反動的寡頭支配者であろうと、進歩的改革者であろうと、現に存在する者と結びついたのである。ドゥチュケ君自身、チリでのFreyの例を挙げたが、他にもそのような例がある。Freyが失敗するのではないかと問われたが、事実、失敗するかも知れない。しかし、ある確実性をもって言われうるのは、それが、アメリカの支持の不足が原因で挫折することはないだろうということです。ところで、私はあなたに、西側のかなり効果的な指導の下に成立した諸国において、極めて実効のある発展改革があった事実を指摘できると思う。例えば、日本の例が考えられる。この国は、工業化という主要問題は、すでに片づけてしまっていたが、農業の封建的構造に悩んでいた。この国では、アメリカの主導の下に極めて効果的で、住民の生活水準を高める農業改革が実現されたのである。また、台湾における農業改革を挙げてもよい。こうすることで、私は、なにも西側世界がいたるところの植民地で恩恵と改革をもたらしている、と言いたいのではない。私が言いたいのは、西側世界のもたらすのは、必然的に寡頭支配的抑圧の支持なのではなくて、さまざまな可能性であり、この可能性の獲得のために闘うことができる、ということなのである。——こうして、私はここで、シュヴァーンさんによって提出された問題、改良とラディカルな否定の問題に触れることになる。この問題を私は、昨夕、マルクーゼさんが抵抗権と、進歩のファクターとしてのゲバルト、進歩の要因としての下からのゲバルトの役割とについて述べられたこと、との具体的関連の中で、考えて見たい。まず、ラディカリズムが必ずしも改良の障害となるものではないこと、ラディカリズムは確かに、それが望んだものの実現にまでいたらなかったことがしばしばあったが、その代わり、改良を運ぶ車であることを示したことがよくある、というマルクーゼさんの意見に、私は賛成する。そしてさらに、圧制に対する抵抗の自然法が存在して、それは、実定法より高い次元のものであること、このような抵抗の自然法が、われわれ西洋社会の発展の中で大きな歴史的役割を演じて来たし、今なお演じることができる。という点でも、マルクーゼさんに私は賛成する。ただ簡単に三つの例を挙げさせて貰うと、まず、労働者の団結権・ストライキ権は、抑圧的法律に抵抗しての直接行動を通して、暴力的抑圧に対するゲバルトや抵抗の代価を払って、闘い取られたものである。そして、このような成果が、のちのすべての社会改良にとっての、また、労働者の今日の体制内統合にとっての前提となった。二つ目の例は、イギリスに対するインド住民大部分の非暴力的抵抗で、マルクーゼさんが最近の著書の中で正しくも言われたように、あの段階では非暴力がゲバルトの、しかも合法的ゲバルトの一つの形態であったのである。三つ目の例は、アメリカにおける市民権運動。アメリカ南部諸州のように、法治国の機能が事実上麻痺している所や、法が事実上無視されているような所においては、直接行動、特に、学生の直接行動が、ローカルな進歩の唯一可能な手段であり、ひいては、一方で国民的規模での民主主義政治を動員し、他方でその中で決められる改革を実現する唯一可能な手段であることを示した、と思う。

だから、私は決して、このようなケースにおけるこういう行動の反対者ではない。私が警告したいのは、不法な抑圧に対する抵抗と、少数者の、彼らが少数者の域を脱しえないと信ずるがゆえの、この理由だけによる少数者のゲバルトの行使とを同一視することである。ここには、大きな差異がある。そして、あらゆる民主主義的権利にもかかわらず少数派に留まらざるをえないほどに、社会が全体的に巧妙に操縦されている、というテーゼには、多数に対する少数のゲバルト行動を正当化する危険があると考える。これが危険である、ということは、きっとマルクーゼさんも、私同様、よくご存じのはずである。だが、ベルリンの現在の状況においては、この点をはっきり指摘する必要がある、と思っている。

最後になお、革命の指標と全体主義について一言。ドゥチュケ君が、ここで問題になっているソ連の全体主義的体制は全く異なった事情から生じたものであること、を指摘された。ロシア革命の当初には、労農評議会《ソビエト》の手になる直接支配の試み、非国家的・非機構装置的・非官僚的機関による働く人間の直接的解放の試みがあった、ということであった。そして、この事情を、全体主義という概念の適用に反対の論拠と考えられていた。そのような下からの真の革命が、どうして、スターリン的形態で知られるような全体主義国家になったかを理解することは、われわれにとって極めて意義あるように思う。そして、これは、次のような事情の限りでは、偶然の経過ではない。つまり、第一に、労農評議会の権力掌握は同時に党の権力掌握であったこと、第二に、それに続く対決の過程で、党が新しい国家機関の源泉へ、それから、独裁党へと発展して行ったこと、第三に、私の見解では、この全面的な一党独裁の機構から、その後の本質的諸現象が必然的に結果した、という事情です……ここに悲劇的に現実化したもの、それは権力欲をもった人々の邪悪な策略といったものではない。それは、今日支配のない社会はありえない――ここで始めに返ることになるが――という事情から由来する法則性であったのだ。

ここで、もう一つ、マルクーゼさんに対する答えを言わせていただきたい。私の主張は、形而上学的でも、実証主義的でもなく、正に社会学的に根拠づけができると思う。現代技術は事実、支配を強固にしただけでない。それのもつ本性上、スペシャリストの地位も高めた。現代工業社会のいたるところで技術の専門家を、また組織の専門家を、複雑な組織機構に関して決定を下す専門家を、ますます不可欠の存在にしたのである。支配のない社会へのマルクスの期待の論拠は、近代技術と増える自由な時間を頼りに、ますます教養を身につけた人間に、様々な決定をすることが、大きな原則の決定だけでなく、当面の些細な行政上、支配上の決定をも、交互に下すことが可能になるだろうというものであった。あるいは、レーニンが述べたように、料理女でも国家を運営できる、というものであった。しかし、明らかになったのは——そして、付言するなら、中国においても示されるであろう——現代工業社会の発展は、料理女では取って代われないような類の専門家なしには不可能であり、複雑な社会の存在には、人間に対する拘束と支配が不可欠なものとなった。ドゥチュケ君は、われわれが住んでいる世界は、完全に自由な、かかる意味で支配からも自由な社会の可能性をすでに持っているのに、それがわれわれの手から奪われている、との信念ですが、このような信念は、工業社会における技術や機構の実際と矛盾している。その信念は、偉大な共産主義革命の経験や、労農評議会の支配から機関独裁への推移の経験とも矛盾する。そして結局、それは私が思うに、重要な根本問題、人間の根本問題である事実と矛盾する。すなわち、人間が、ある程度犠牲を払うように、その利害の一部や衝動の一部を断念するように強制されること無しには、いかなる社会も成立しえない、という根本的事実。別な言葉で言うなら、歴史のいかなる社会においても——現在の社会でも、また、私が恐れるように、未来の社会にあっても——フロイトが文化における不快と呼んだものが存在する、という根本的事実のことです。そして、文化の中でのこのような不快から希望の世界への脱出の試みは、人間的に理解できる願いではあっても、決して政治的な指標ではない、ということを言い添えておきたい。

マルクーゼ　抑圧的社会から脱出したいという希望が、少なくとも、人間的に理解できる願いだ、という言葉を聞いて、たいへん嬉しく思います。このような共通の基盤がえられたからには、この人間的に理解できる希求を、いかにして現実に政治行動に転化させるかを、われわれは討論できると思う。レーヴェンタールさんは、抵抗の権利は認める、けれども、抵抗権を行使できるのは、不法な抑圧に対してだけだ、と言われた。それでは、不法な抑圧か否かを誰が決めるのか、これが私の反問です。発達した後期資本主義社会の問題は、抑圧が不法というのではない、つまり、実定法の意味で法にもとるというものではない、それでも、われわれが闘わねばならない抑圧が存在する、という正にこの事実にあるのだ。少数派の問題。少数が少数でとどまる状態を阻止するために、ゲバルトが使われるのは、非難すべきであるということ。その点には私も同意すると申しあげたい。だが、これは、現在の資本主義社会の問題ではない。そこにおける問題は全くこの逆で、少数者が反動的な支配者少数の状態を続けていることにあるのだ。次に、技術の問題と支配の問題。技術の進歩と共に、スペシャリストの地位が、ますます強くなる、というのは全くそのとおりだ。この事態の中に、私が見るのは、われわれにとって有益な星であって、不都合な星ではない。もちろん、ますます重要になるのは、スペシャリストがどういう人間か、ということである。戦争作戦の専門家であるのか、平和の専門家であるのか、激しい搾取の専門家なのか、その反対を意志する専門家なのか。ここで知識階級は、今日のスペシャリストとは別な、つまり、解放のスペシャリストという存在に注意を払う任務があると思う。実際に解放の技術も存在するし、習得される必要のある解放のテクノロジーもある。このようなスペシャリストの数が増し、彼らの立場がいっそう強固になるよう、寄与するのがわれわれの任務である。最後に一つだけ。すべての専門技術は習得可能なものである。この意味で、レーニンの言葉は、今日でもなお、正しさを失っていない。

クレッセン　マルクーゼさん、今、私が知りたいのもそれなんです。私自身、前にも一度、「何をなすべきか」というテーマの下に、ここの壇上に坐ったことがある。しかし、この問いをわれわれは引き続きあなたに向かって発している。思うに、われわれは、与えられた答えに、十分には満足していない。その解答以上のものを与えることが可能かどうか、という点を全く度外視しての話しですが。でもこの点は、問題をもう一度明確に提示する妨げにはならないでしょう。マルクーゼさんが以前言われたことは、理性の声に他なりませんでしたが、ここにもその代表がおられる広い層の人々からでさえ、必ずしも理性の声とは見なされなかった。すなわち、この体制は内側から変えることが可能だという理性の声、とは受け取られなかったのです。スペシャリストのもつ性格や機能を転換させようというあなたの要求もまた、違った意味で理解されかねません。がこの点は触れずにおきましょう。ところで、われわれは、同じ事柄をめぐって、つまり、デモクラシーの問題をめぐって堂々めぐりをしているように、私には思われる。問題になっているのは、少数者がその勢力の自己主張をする、だが、それを現実的効力にする手だてが少数者にはない、という事実である。そして、それはそもそも循環論法である、あなたが昨日再三訴えていた悪魔的循環である。デモクラシーにおいては、少数者がかなりの勢力なら、その主張に耳が借される。けれども、少数者は多数者が持つような効力を持つことはない。えせ平等のデモクラシーにおいて、多数者の独裁を如何にして阻むかというこの問題は、トクヴィルの心を絶えず捉えていたものであった。ところで、多数者の独裁をデモクラシーそのものの手段をもって阻止することが、いかにして可能か。かつての多数者に対抗して、多数派工作が試みられるような非常に強力な政治的活動によるものを問題外として、それがいかにして可能か。この点の解答をわれわれは必要としている。ところで、今、意志されているのは、革命なのか、デモクラシーなのかをわれわれは知らねばならない。もし、革命が意図されているなら、ここは、それについて語るにふさわしい場所ではないでしょう。

さて、私が言いたいのは、これだけのことで、ここでもくり返し、われわれは、今、具体的に何をなすべきか、という問題を立ててみたい。強力な政治的建設作業を通して、或るものが達成されるという信仰は、われわれから去ってしまったのか。実際には、ごく間接的にしか支配体制を支えるにすぎないもののすべてを、ナンセンスや浪費と見なすべきなのであるのか。そのような主張をする例としてあげることができるものでは、反大学運動がもっている姿があるが。あるいは、何をつくりだしたらよいのか。私が、今なお認める狭い範囲の政治的衝動を、どうすれば維持して行けるか。それを、われわれは、いつものドイツ人の常として、全く落ち着き払って、政治的衝動の信用のおける源泉ではないと認めるだけでよいものなのか。これらの背景には、有効性の主張や人間像の問題があるが、今は触れないでおこう。ただ、ここに私が見るのは、われわれが文化の中に存在している特定の抑圧的過去の中にいること。われわれは進歩的な少数派であること。そこで、現にある政治的衝動がすべて消滅したり、失われてしまわないためには、極めて具体的な方策に訴えて、このような衝動を先へと育くみ、維持し、できることなら、いたるところに高めることが肝心だ、という事態です。

ドゥチュケ　歴史的に過剰な支配の廃止という決定的問題について。支配一般の廃止という意味でなく、支配の歴史的に可能な廃止の問題は、生産知識階級の問題や、廃止は不可能だとする工業社会の偏見があったりして、中心的問題といえるでしょう。そこで、私は――お許し下さると思うが――レーヴェンタール先生の一九三〇年代の論文からの引用をしてみたい。中でも、資本主義の変化についての論文で、次のごとく言われている。

「この十年の間一九三六年に実現されたような規模での労働過程の機械化は、工業労働全体の中での熟練労働部分も不可避的に縮小せざるをえない。しかし、同時にこの縮小された熟練層の、生産過程にとっての不可欠性が、また、その限りで、産業の中での熟練労働の社会的比重が増大することを意味する。生産の科学化や、一部、社会組織の科学化に並行して、熟練労働の上部に、重要さを増す新しい生産者層、つまり、技術的経済的インテリゲンチャが生まれてくる。これを生産インテリゲンチャと名づけようと思うが、この層は、その支配や社会的地位からみれば、ブルジョアジーに属する、が経済的には、一般に、プロレタリアに属して、それの高い能力をもつ上層部を成す。隷属階級のこのような最上層が、もはや、隷属階級を支配階級に縛りつけるような監督機能を果たさず、生産の科学的指導をして、逆に支配階級を無用のものにするような機能を果たすようになることは、非常に重要な点である。」

さらに、レーヴェンタールさんの論文『ドイツ革命』からの引用をさせていただく。

「ファシズムに抗して大衆の動員に成功した瞬間に、革命の問題が問われてくる。この時点以後、国民の運命は、革命家たちの明確な目標自覚に懸かってくる。それは、革命家たちが、目的を自覚して、ファシズムの権力基盤の全面的破壊に立ち向かうことに懸かっている。この破壊は、国民大衆のイニシャチヴや権力意志の啓発により、反動側の政治的・経済的要塞を突破するために、そして革命の経済的境遇の安全確保のために、徹底的になされなければならない。」

こうして、生産インテリゲンチャについて決定的な個所に来る。レーヴェンタールさんはのべている。

「一九一八年において、労働者党が、高度に発達した諸機関を引受ける準備を欠いていたことが、民主主義革命の挫折にとっていかに決定的役割を持っていたかを、われわれは、すでに指摘しておいた。この問題の意義は、その後もなお、途方もなく増大している……。次のドイツ革命を成功させようとするなら、大衆の活動力の組織化や、同じく、経済機関の指導をも担う用意のできているような革命党が創られねばならない。企業の中において、生産インテリゲンチャの下において、同じく、革命の指導のためにも、党の幹部を、徹底さと組織者的堅固さと、なかんずく、権力への意志とをもって、育成するような党を創る必要がある。」

私が言葉をつけ加えるなら、このような引用の言葉それ自体が、すでに、マルクーゼさんが言われたことへの肯定的結びつきを語っている。つまり、スペシャリスト問題と、それのもつわれわれにとっての意義の増大は、歴史的に過剰な支配を排除する際の、途方もなく生産的なファクターである、というマルクーゼさんの発言との一致を示している。

レーヴェンタール先生や、おそらくまた、シュヴァーン先生の見解を一貫しているのは、二〇年代の幻想が、プロレタリア革命の可能性と必然性が、大きな幻滅とスターリニズムの経験とに結びついた歴史的状況に苦々しくもしっかりと結びつけられた姿であって、それゆえわれわれが、働き、考え、生きている時代のもつ新しい歴史的可能性が、もはや、新しい分析の出発点とならない姿なのである。それだから、われわれは懐疑的にならざるをえないのだ。

ペーター・フルト 現代社会については、確かに抑圧的ではあるが、しかし、その業績からみて、満足すべき体制を、それ独自の成果に基づいてつくり出した社会という像が描かれた。それは、この体制を乗り越えようとするすべての希望を断念してもよいくらい満足すべきもので、むしろ、このような希望は、どんな社会にも残るルサンチマンと、本来呼ぶべきものだ、というのは、どんな社会にも、文化における不快というものが確認されるからだ、と言われたわけである……そこで、私に質問がある。文化における不快とは常数として考えなければならないのか、また、相変わらず抑圧的である、あるいはあらざるをえない社会のラディカルな否定としての反体制運動は、その帰結上、破壊への快楽としてだけ考えられねばならないのか。われわれがこの場所でなお論議する必要がある一般論はさておき、まず私はこの点をレーヴェンタールさんにおたずねしたい。あなたは、破壊への快楽などマルクーゼさんの思想にはない、彼の意図の中にも、また、その帰結の中にもない、けれども、具体的、実際に、ここでの反体制運動で観察されるものの中には破壊への快楽が全く明瞭だ、と言われた。彼がそこで注意されたことは、われわれも無関心ではいられない。

これが第一問。もう一つの質問は、抵抗、しかも、ゲバルトを伴う抵抗を、正当化する試みに関するものである。レーヴェンタールさんは、正当な抵抗・正当な反対ゲバルトと不当な抵抗とを区別された。不法な圧制に抗して向けられる抵抗の場合は、正当であり、少数派が発言の機会をうるためや、少数派を多数に変えようとしたり、少数派が多数に対抗する位置をえようとしたり、これらの目的のために、抵抗やゲバルトが利用されるなら、それは不当だと言われたわけである。この点に関しての質問だが、もはや少数派の本質が殺されないような状態を社会の中に創り出す、これ以外の抵抗がかつて存在したであろうか？　少数派と多数派との区別が公式的につけられるかどうかの問題は全く度外視しておくことにする。だが、少数派といっても、歴史上、また、現在でも種々のものがある。少数派が形を与えられたにしても、その場合、少数派が欲していること、少数派を少数派たらしめていることの志向と内容とに立ち入って考えられねばならない。こうして、確かな、正当と不当との判断基準がえられる。なんらの判断基準もなければ、多数派が全く多数として、常に正当な権利を持っていることになってしまうだけである。また、何が、どのくらい、不当であるかを定める実際的権利と暴力との区別が不可能になってしまう。だから、レーヴェンタールさんが身にまとっておられるのが実証主義だと言うだけではない。あなたが分析されること、実際の検証の上に立って理論的・体系的に言われることの検証が実証主義的であるばかりでなく、全体としての体系が、分析の出発点となっている観点が、まさに実証主義の観点なのである。支配が本質的には現実的暴力を内にもち、理論的解決に決着をつける役目を果たすと見る限りで、実証主義の観点なのである。これは、思考一般にとっては極めて曖昧なことだと思う。というのは、つまり、その場合、思考は自己の妥当性の判断基準として、結局、閉じたこの体制以外のものを持つことができないからである。規定している既成基準を損なう形をもってしか、この体制に触れることはできない。したがってそれは不当だということになる。こうして、思考はそれ独自の反体制運動の可能性におもむくことになる。

私に二つの質問がある。第一に、破壊への情熱ははたして、ルサンチマンなのか、それは、すべてのラディカルな反体制運動に、文化における不快という常数的に認められるものなのか、支配とは無関係なものなのか。第二に、正当な反抗ゲバルトは、少数派が少数派状態から脱却しようとする試みにふさわしいのではないのか、少数派を公式的に規定するのでなく、少数派を形成している内容にわたって見た上で、少数派から脱却する場合に、正当な反抗ゲバルトが必要ではないのか、ということである。

レーヴェンタール　できるだけ簡単にしたい。最初に、かくも感動的な仕方で私の間接の教え子であることを示してくれたドゥチュケ君の見解について。一九三六年の私の思想から彼によって引用されたものの多くを、今日でも私は変えようとは思わない。とりわけ、過剰な支配一般と、支配集団の特定の構成によって生じる無用な支配との区別立てに賛成するかぎり、そう思う。また、ドゥチュケ君がさきほど引用してくれたものは、支配の性格や支配の正当性は変わるべきものだ、ということの論拠でもある、と私は思っている。けれども、それは、支配のない状態のくることへの信仰とは別のものだ。そこにあるのは二つの異なった事柄で、私は、そこで、支配一般が無くなる社会への希望とは反することを語っているのです。

つぎに、フルト君の第二の質問を取りあげるなら……私が、少数派の抵抗の権利やゲバルトの権利の制約という言葉で言わんとしたことについて。区切りのつけ難いものではあるが、比較的単純な問題で、言葉をめぐる論争にあまり多くを費やしたくはない。私が正当だという言葉で言おうとしたのは、抵抗が許されるのは、支配者が彼ら自身の実定法をそこなう場合だけだなどということではない。そんなのは、明らかに、極めて稀なケースであろう。私がのべた例、十九世紀における労働者の団結権をめぐる闘い、植民地支配からの解放のためのインド民衆の闘いなどは、抵抗が当時の実定法に逆らって遂行されねばならなかった明白なケースである。同時に、私は、抵抗の自然法を十分意識して語っていたのだ。これに対して、私が区別したのは、少数派の抵抗やゲバルト使用の権利の行使が、彼らに表現や組織の可能性が拒否されているゆえに、なされる場合——このかぎり正当だとは思う

――ではなくて、彼らが、平和的な非暴力の方法では、少数派状態から決して脱却できないと信ずるゆえに、この理由からのみ、ゲバルトの権利に訴える場合である。これは、否定されえない本質的差異だと思う。

さて、最後に、フルト君、あなたの第一の質問について一言。単なる破壊者的な態度への私の警告と、私が、こういう態度はマルクーゼさんの意図とは関係がない、と言った事実や、私の、ここベルリンにおける出来事や危険を考えての補足見解から、あなたは結論を出されたわけだろうと思う。この六月二日に警察の側から惹き起こされた事態の後で、これらの事について冷静に語るのは、現在極めて難かしい。なぜ困難かというと、警察の干渉が生じたことを正当と認めることに疑いが持たれないからです。あなたに言う必要があるのは、そこにあったのは、警察の干渉と正当な平和的デモだけでなかった。昨夕、マルクーゼさんが補足見解の中で片づけられたごとき対決を求める態度を取った人たち、言葉を替えれば、例えば意識的に平和的なデモを越えようとした人たちもいた、という事実なのだ。商品を投げたのがその例である。こういうのが平和的なデモだという論証は何の役にも立たない。これは平和的デモの範囲を意識的に越えようとしたよい例だろう。そして、言っておきますが――昨夕、マルクーゼさんが言われたことをここで取りあげて――私は、彼がそういうことを言おうとしたのかどうかは知らない。けれども彼は、法律のノーマルな利用に基づいても、極めて容易に、えられるものなら、対決を求める必要はないことを言われた。彼は、また、対決を求めるのは無責任だとも言われた。この言葉に私も賛成である。

ルフェーブル なによりも私は、ここで少数派や支配について語られた際の内容のないやり方に、そして、そこから首尾一貫して出てくる、ベルリンでの挑発だと言われた見方の皮相さに驚いている。少数派問題について専ら論議の時間を費やし、ゲバルトだけに訴えて少数派状態から脱けだそうとする少数派なら、それは問題だと言われる。一体どうして、ベルリンにおける学生の反体制運動で、今、具体的に、どんな少数派問題があるのだろうか。むしろ私は、ベトナム戦争は犯罪であると認められるような政治的理性が少数派であるという事実から出発すべきだと思う。こういう状況においては、少数派問題の実質的把握こそ、われわれにとって真に重要なことである。すなわち、政治的理性が諦めの気持ちを持たずに、つまり、このベトナムで起っているごとき犯罪が行なわれるのを許さないために、言葉だけの意志表示や、静かな書斎で日記に書き込むだけの行為に終わらせないために、政治的理性のなすべきことは何か、また、政治的理性が、なお理性であろうとするなら、みずからは少数、無視されかねない少数派ではあるが、このような社会に対する対決の相手になるにはどのようにすべきか、という問題である。次に支配の問題も多数派の問題も、全く同じように内容のない捉え方をされているように、私は思う。少数派はとにかく、現在ある民主主義的権利にあくまで頼るべきだと言われた。だがそんな主張は、以前支配の概念が正しく分析することを許されなかった状況、エリート支配が問題にされていた状況における見方だ。これに対して、ここで問題なのは、すでにもはや人格化された資本の支配ではなくなっているのに、なお資本の利害が支配していることだ。例えば、従属している人間を制する意味で首都の警察機関や、第三世界の立ちあがる人間を抑えようとして軍隊や軍事機関に投資される死相の経費などなど。われわれが論ずべきものは、エリートの支配などではなく、資本利害の露骨な政治的支配である。

さて、ベルリンにおける挑発に関して簡単に内容を。ベルリン自由大学での挑発の例で、その前に起こったこと、大学当局が強制退学のごとき明白に愚鈍な措置をとったことについて理性的話し合いにすら同意しなかったことが言われずにいるのは、なにかおかしいように思われる。このような状況の中では、大学当局はとにかく多数派である。少数派は、この偏狭な当局に対決を強いる根拠を持っている。

シュヴァーン ルフェーブル君が最後に言われたことに反対はしない。けれどもその際、そうしてつくり出された状況を、新しい現実的成果の実現のために、十分利用しなければならない。このような状況の中にその実現のチャンスのある成果を。われわれはそういう状況を持っている、と私は思う。徹底してラディカルな手段が改良をもたらす手段になりうる、という考えを私ももっている。けれども、その場合、あなた方もまた、この改良ということを考慮する必要がある。それをしなかったら、いつになっても、ますます孤立化へと繋《つな》がる一層の対決があるだけだろう。そのような姿勢が一体何を目指しているのか私にはわからない。これは実に問題である。

タウベス君によって、私が不変的な要求というものから出発していると批判され、ドゥチュケ君には、私が歴史的に生じたある状態へのこだわりから発想している、と言われた。それは必ずしも正しくはない。私の見解は、社会の要求はますます自由を、自由のより大きな活動範囲を獲得しようと指向する、というのである。ただし、私は、これは正しい支配の行使によって達成されるはずだ、という見解である。革命はこれまで、くり返し新しい支配を生みだした、しかも、フランス革命の場合でも、また、ロシアのボリシェヴィキ革命でも、以前よりは断然良い支配を生みだしたではないか。それは、あらかじめ、このような革命から何を導き出すかの明確な構想があったからだ。フランス革命の前には一人のルソーが、ボリシェヴィキ革命の前には一人のレーニンがいた。それにもかかわらず、ソビエト・デモクラシーはスターリニズムに変質——これはそれ自体一つの問題である——してしまった。これが歴史的経験である。

ところで、高度に分化した技術を基盤とする現代状況において、政治的要請をいかに現実化すべきか、現実的な政治要請一般をどのように項目化し、形成したらよいか、というような具体的プログラムの何らの構想もえられない場合、そこに、私は、ただの感情的な動きが、再びたやすく独裁に変わる、あるいは孤立化に陥る危険性だけを見るのだ。これが私の懸念である。私はベルリンにおいても、そのうち、大学や教授団・住民・新聞・政党・諸機関に関して十分利用できるような状況がつくり出されると考えている。

ドゥチュケ 私は、ルフェーブル君にくみして、われわれは、公衆の認識を呼び起こすには、卵ではもはや十分でない、つまり、卵やトマトが現実に、非組織的抵抗の形態にしかならない時点に達していると考える。今や、われわれは、卵やトマト的手段で続けるなら、それは愚かなことであり、現に達しているものより時代遅れになるような、そういう、政治的プロセスの段階に来ている。そして、このことは、多数と少数との関係にも関連してくる。なぜなら、このような概念は、静的 - 量的概念としてではなく、史的 - 弁証法的概念として、つまり、人間によって変えられうる関係と相互作用として理解されねばならない。だから、われわれは、今こそ、何カ月、あるいは何年もの間つづけて来た孤立状態を突破し、現実に、ますます、少数派の拡大を図る時に来ているのだ。われわれは、もはや、はるか遠き世界について夢みる三十人、四十人の妄想家集団ではない。事実、ここの大学には、四千から五千人の学生の反権力的陣営が存在する。他の大学にも、拡大しつつある少数派が存在している。われわれは、まさに――これこそ、ゲバルトの問題が生ずる最も手近なものだが――シュプリンガー・コンツェルンの所有を奪うための組織的な政治的闘いをもって住民の中に入りつつある。これは戦いの一歩を進めた拡大である。

　われわれが把握する必要があるのは、少数派が次のような理念の確実な広まりをますます強く呼び起こすことである。すなわち、この社会の中で、少数派の孤立を意識した一揆反乱的行動によってではなく、意識的に住民のますます多くの部分の信頼をつくり出し――ここの大学で期待しうるように――社会の政治意識の低い人々とわれわれとの間に対話を生みだすことに努めながら、行動によって多くのことが変えられる必要があり、その可能性もある、という考えの広まりである。すでに大きくなったわれわれ少数派の拡大――これのみが社会変革の基盤であろう――のこのようなプロセスは、事実、解放の理念、すなわちシュプリンガー・コンツェルンの所有権剥奪の場合のような行動により少数から多数がつくられるという解放の理念の広まりと増大を招いている。この場合に、われわれはもはや孤立した存在でない。住民の確かな部分が、社会のこの点に、つまり、操作による大衆の機能的支配という点に、状況の中での明確な不快感を持っているのだ。この考えの下にわれわれは活動を続け、少数から多数になることを志向している。

マルクーゼ　具体的な変革の指標に関して、二、三言っておきたい。いわれるような具体的指標を持たないで、現存社会変革のために働くことができるだろうか？　具体的変革の指標は、現在のところ、否定である。だが、否定そのものの中にすでに肯定的なものが潜む。一つ例を挙げさせていただく。例えば私がアメリカで、一体これまでの社会の代わりに何を望んでいるかとの質問に答えを求められたら、私は次のように答えるだろう。われわれは、植民地戦争のない、植民地戦争が惹き起こされる必要のない、ファッショ的独裁が打ちたてられる必要のない、第二階級や第三階級的市民がもはや存在しないような社会を求めているのだと。この表現はすべて否定の形式をとっている。だが、この否定的表現形式の中にすでに肯定的なものが含まれているのがわからないものは、全くの愚かものであるに違いない。この問題をベルリンのケースに特殊化するのは少々の時を与えていただきたい。一体、君たちは何を望んでいるのかと質問されれば、私は次のように言うだろう。われわれはイラン国王の訪問などないような状態を欲しているのだと。このような言い方すべては、この壇上では、極めて曖昧に思われるだろう。だが、それを体験しなければならない人々にとっては、決して曖昧ではないと思う。変革の指標は、その否定的形式にもかかわらず、とにかく具体的で十分現実的なものである。

なお、デモクラシーか革命かの問題について。この驚くべき質問を、ありがたいことに、提起者は、ここでは論議することはできないと言って、すぐさま引っこめてしまった。事実、論議できないが、一つだけ言っておきたい。現行体制の中での教養や啓蒙作業のどんな可能性も十分利用する、改革がえられる、また改革を強いるどんな可能性も利用するのは自明のことである。このような意味では、抽象的にわれわれの反体制運動はトータルなものではない。われわれは現行体制におけるどんな可能性も、どんな間隙も認めよう、それを大きくしようと望んでいる。しかしながら、現在のデモクラシーがますます、操作されたデモクラシーになればなるほど、それがまた、管理されたデモクラシーとなって、不法でなく、合法的に、民主主義的権利や自由や可能性を制限するようになればなるほど、それだけ、このような仕事の形は、議会主義の枠を越えた反体制運動を伴わざるをえない。この議会主義の枠を越えた反体制運動がどのような形をとるか、それは、また、ある特定の状況そのものの中でのみ、決められることである。しかし、常に次の両者とも見失われてはならない。現行体制の中での啓蒙活動と反体制運動、啓蒙活動を通じて、また、議会主義の枠を越えた反体制運動を通じて、現存するもの以上のものが現存するものを超越したものを目ざして活動すること、この両者とも見失ってはならないということである。

〔シンポジウム〕

ベトナム——第三世界と大都市の反対派

司　会　クラウス・メシュカート

出席者　ルディ・ドゥチュケ　ペーター・ゲング

ヘルベルト・マルクーゼ

レネ・マヨルガ

バーマン・ニルマント

ペーター・ゲング　ベトナム戦争を規定している諸要因は、ベトナム国内の問題として理解されるべきです。つまり、ベトナム住民の耐えがたい状態、とくにベトナムの農村住民の耐えがたい状態、それと直接結びついて、よりよき状態の予感、この耐えがたい状態はベトナムにおける既成権力に対して一定の方法を適用することによって打破され得るという経験などのことです。これに対決しているのは、まず第一にベトナム国内の既成権力であり、合衆国の帝国主義的権力によって強化された国内の既成権力です。この既成権力がベトナムにおける貧困の打破に対立し、それによって、ベトナムの革命過程を断ちきり、あるいはその時その時に革命過程を中断させることができたのです。これらの諸要因を簡単に記してみましょう。

私がベトナムにおける耐えがたい状態として理解しているのは、農村における社会関係です。つまり、フランス植民地主義によって強化された封建構造のことです。これが大部分のベトナム農民を貧困の中にとじこめる一方、少数者には、この農民の労働の成果を私的に利用させ、それによって生活を植民地支配者の生活に次第に類似させることを許してきたのです。それに対し、ベトミンの闘争形態として私が理解しているのは、土地改革によってこの封建構造を破棄することです。その土地改革とは、まず、大私有地の没収と分配であり、それによって、農民に、労働の成果を自分の手に収めさせるのです。

このベトナム革命の過程は、中断されました。第一に御存じのジュネーヴ協定によって。第二に、合衆国がディエム政府を支援し、最後には、自分がディエム政府にとって代わり、それによってベトナム農民が自分の手で貧困を克服するのを妨げたからです。これによってベトナムの革命過程は、民族解放戦争の形をとることになりました。しかも今度は必然的に、すでに中国で実践された革命的な人民戦争の形態をとりました。この戦争は、自分自身が封建構造に対して闘わないかぎり、この封建構造は克服されないということを知るよう、一人一人の農民に要求したのでした。革命的人民戦争の形態をとったこの戦争形態に、合衆国の反革命的戦略も対応しました。それは、パルチザンを農民から切り離せ、という考え方に包括されるものです。さまざまな方法で、これが試みられました。戦略村が試みられたこともあります。この実験は失敗しましたが、最後には、ゲリラ運動から根拠地を奪うために、必要な場合にはベトナム人村民を皆殺しするに至って、その頂点に達しました。ベトナム民族解放戦線の戦闘形態を規定したのは、それがベトナム農民の教育課程を前提にしているということです。つまり、農民は、さしあたりは、しばしばきわめて原始的な方法、たとえば敵軍等に対する落し穴などによって、圧倒的に優勢な敵に抵抗することを学ばねばならなかったのです。この過程の中でベトナム民衆は両極に分解していきました。一方は、今やはっきり搾取する者の側につきました。他方は、民衆の圧倒的多数の側につきました。後者は、解放運動の側に立つ以外に選択の余地はありませんでした。

さて、この革命過程はその社会的原因にもとづいて、農村から出発せざるを得ませんが、この過程によって、ベトナムの都市に特殊な状勢が生みだされました。この特殊な状勢を規定するのは、ベトナムの都市が直接に合衆国の生産過程に組みこまれており、南ベトナム経済が合衆国の経済周期に連結されたという事実です。とりわけ都市住民が合衆国兵士のためのサービス業に従事し、それによって、固有の矛盾、ブルジョア革命的性格をにない、その矛盾した立場——すなわち、ブルジョア革命的でしかありえないということ——のために、必然的に失敗に至り、新たに分極化が進まざるを得ないという事実です。例えば仏教徒による騒乱はくりかえし鎮圧されました。合衆国の反革命戦略は、戦略村構想に始まり、非戦闘員に対する無差別爆撃に到りますが、これらが今や合衆国自体に一定の反作用を及ぼすことになりました。ベトナム戦争の経済的反作用とは別に、強力な体制反対派をつくりだすに至ったのです。この戦略は合衆国のブルジョア・デモクラシーの理想に矛盾しています。そしてまず、この戦争に対する道徳的抗議を生みだしました。そしてこれは必然的にこの抗議運動のより意識的分子において、おのれ自身に向かわざるを得ませんでした。なぜなら、合衆国の社会体制が、まさしくこの形態の戦争を生みださざるを得ないということが理解され、そのため、例えば合衆国内のいわゆる新左翼において、そのような抗議が宣言されたからです。

ベトナムにおける戦争および類似の解放運動にとって、いまや次の事柄が決定的です。

一、合衆国は明らかに現時点においては、ベトナム解放運動を完全に鎮圧することはできない。だが同時に、ある程度まで確かなのは、資本主義諸国が一致団結すれば、この種の解放運動をすべて弾圧することが可能であろう。このような資本主義社会の全面的同盟にはこれまでのところ至っていないのは、おそらく、資本主義本国における反対派の問題というよりは、むしろ時期の問題である。私はこれを「全帝国主義国同盟」と呼ぶことにするが、以下の討論にとっては、いかにしてこれを粉砕し得るかが決定的な問題となろう。

二、資本主義諸国の反応の仕方にとって、中ソ間の衝突の発展とその反作用が決定的である。この反作用とは、一面、衝突から発して結局は両者の平和共存ということになろうが、今度は、この平和共存ということによって、資本主義本国における反応の仕方に従うことになるだろう。

レネ・マヨルガ　私は、ここでは、ラテンアメリカにおける反革命暴力と革命暴力に関連して、具体的な態度を示すにとどめたいと思います。

ラテンアメリカにおける現状勢を特徴づけるのは、社会・経済体制の全般的危機です。ラテンアメリカは、USAの帝国主義的支配体制の本質的構成要素として、一定の経済過程にゆだねられていました。その過程は、工業化の問題、土地改革の問題、独占資本主義的寡頭政治、新植民地主義的寡頭政治等々を権力的地位から排除する問題を解決することができませんでした。ラテンアメリカ経済は、植民地主義的隷属の除去が日程に上る段階、また日程として上程すべき段階に達しています。したがってわれわれの新植民地主義的経済構造の危機は新植民地主義そのものの危機なのです。その克服とは、必然的にラテンアメリカにおける帝国主義の経済基盤の除去を内包しています。社会的経済的状況の悪化の深まりは、キューバ革命以来、USAの政治的・軍事的な制御装置の組織構造をも道連れにしています。この制御装置は経済的支配と政治的現状とを固定し、より能率的にし、直接的に行なわれている介入に、偽の合法性を与えようとしたものです。すでに枯死した進歩のための同盟——その模範は一九六一年四月のペンタゴンとCIAによって企てられたキューバ侵入——、二、三の例をあげただけでもブラジル、アルゼンチン、ボリビアなどにおよぶファシスト的クーデターの新たな興隆、ドミニカ共和国における残忍な干渉、進歩勢力に対するペンタゴンにより、また豊かな軍事援助によって支持された暴力政治、いわゆる共産主義の浸透を粉砕するためにアメリカ国家機構の枠内で大陸内戦力を編成するくりかえしの試み、例えばチリにおける新聞売子計画のように、ラテンアメリカにおける革命の可能性とその危機を精密に確認するためにCIAによって奨励された社会計画など、これらが、全地上的政治戦略の本質的要素を構成しています。このことがはっきり示されているのは、アメリカ帝国主義のあらゆる行動が、ラテンアメリカにおける危機的な現状況、つまり客観的には革命的な現状況への対策から出発しているということです。この抑圧的・反革命的政策は、次の三点に要約されます。

一、アメリカ政府の命令に諸国民とその植民地政府を無条件に服従させること。
二、現存の搾取機構を保持せんとする不退転の決意。
三、体制の変革ないしは体制に手を加えることを目標とするあらゆる運動に対する徹底的敵対。

これらの原理にもとづいて、現在の反革命的暴力が、ラテンアメリカ諸国における革命的高揚に対して大陸的な規模で適用されているのです。革命的反対と反革命との弁証法はキューバ革命に出発点があります。キューバ革命は、質的に新しい状勢を生みだしました。それは勢力分布を変化させましたが、このことは、なによりも政治勢力の分極化、階級闘争の尖鋭化の中にはっきり認められます。キューバはラテンアメリカ史に新しい時代を導入しました。アメリカ帝国主義に対するラテンアメリカ諸国の長年にわたる闘争を新しい水準に引上げました。以後、チェ・ゲバラが定式化したとおり、「戦闘への決意、革命的変革の必然性の意識、その可能性への確信は日々に増々成熟しつつ」あります。これらの要因はすでに実践の中で、現体制の力を弱めつつあるのです。ベネズエラ、コロンビア、ボリビア、グアテマラにおけるゲリラ運動は、そのような徴候を示しています。ますますそれらの諸国の政治力学を規定し、現体制の解体を早めることに貢献しています。ところで、ラテンアメリカがここ六年間に経験したこの組織的な反革命暴力は、唯一の暴力形態というわけではありません。これは、経済体制そのものに内在する暴力を支えるための、いわば必然的相関物、補足的手段とでもいうようなものです。ラテンアメリカにおける経済体制の暴力は軍事的干渉による物理的破壊とまったく同様、歴然としています。戦争宣言なき永久の民族殺戮です。この殺戮は、ラテンアメリカ大衆の悲惨な生活環境、緩慢な餓死という形をとっています。商品の販路、資本蓄積の根拠地としてのラテンアメリカの戦略的原料地帯、投資地帯がアメリカ帝国を養っている間は、その貧困化はますます深まっているのです。

この錯綜した関係を明らかにするために、二、三の数字をあげましょう。一九五〇年から一九六五年までの間、USAは三八億ドルの直接投資を行ないました。この期間に利潤は一一三億ドルでした。つまり、約一対三の割合です。アメリカ・コンツェルンの年間利益配当は二五億ドルになります。経済的消耗は、つぎのラテンアメリカ諸国に対する国連経済委員会のあげる数字にはっきりあらわれています。例えばラテンアメリカ諸国は、一九六一年だけで、投資の可能性の悪化、外国為替の流出、負債返済などで、六八億ドルの損失がありました。この損失は、進歩のための同盟によって開発援助として投資された理論上の額の三倍です。これに比して、統計的に捕捉された生活環境は次のとおりです。平均的な個人所得は、例えばボリビアでは七五ドル、ペルーでは一二三ドルです。土地所有の集計について。農地の九〇パーセントは約一〇パーセントの地主に属しています。人口の七〇パーセントは半封建的農業に依存しています。文盲は人口の約五〇パーセントにも達しています。平均寿命は、例えばボリビアやブラジル北東部では三〇年です。この状況は、ラテンアメリカが民生学上、世界最大の増加率、しかも三%という大きな増加率を示しているので、いっそう緊迫したものとなります。

これが資本主義的経済と半封建的農業事情の特殊なもつれあいの中に本質を根ざし、全体として新植民地体制の飛領土であり後背地である一体制の二、三の側面と二、三の帰結なのです。カルロス・フェンテスのことばを借りれば、「ラテンアメリカはボール紙でつくった、正面は資本主義的な封建制の城の廃墟なのです。」これによって、いわゆる代議制民主主義の枠と運動空間が示されています。政治体制としてのこの代議制民主主義は、もっぱらカモフラージュ用なのです。漸進的な路線で体制の変革を企てるさまざまな試みの中で、そのことが暴露されてきました。選挙、議会、政党は、この暴力体制を正当化し、隠蔽する制度上の形態です。このような経済体制の土台に立ったブルジョアの合法性は一つの神話でしかありません。ここ一五年間の経験が示すのは、例えばグアテマラあるいはブラジルにおける改良主義的行程にせよ、メキシコあるいはボリビアにおける革命的行程にせよ、あらゆる民主主義的、ブルジョア的努力の挫折です。その原因は明らかです。

民族ブルジョアジーによってになわれる資本主義国を創り出す客観的条件は与えられていませんでした。まして、帝国主義体制そのものの力によってそれが創り出される条件などありうるはずがありませんでした。ラテンアメリカにおいては、一方で帝国主義ブルジョア、他方で、大地主、新植民地貿易、官僚的ブルジョアの同盟が、資本主義建設過程のにない手としての民族的、独立的な産業ブルジョアジーの成立を妨げてきました。ブルジョアジーの成立を妨げてきました。民族ブルジョアジーの芽ばえがあらわれたところでも、ブラジルやアルゼンチンのように、両大戦と一定の社会的移動の影におおわれて、この弱々しい、窮極的には寄生的なブルジョアジーは自己を主張することができませんでした。ラテンアメリカ諸国にこのような階級が存在しないこと、あるいは構成上極度にひよわであることが、あらゆるブルジョア的改良の基盤を奪ってきたのです。ブラジルのようなクーデター、あるいはグアテマラのような軍事的干渉は、反革命暴力が、ラテンアメリカにおいて窮極的にブルジョア的改良を阻止するために必然的にとらざるを得なかった具体的形態です。いわゆる合法的な改良主義路線は花火のように消えてしまいました。とりわけ上からの改良主義を宣言した進歩のための同盟という新植民地主義的構想がそうです。革命的暴力は、このような文脈から説明されねばなりません。それは帝国主義の枠を必然的に爆破する民主主義確立の必然性を内包しています。大陸最初の社会主義革命によってもたらされた条件下のラテンアメリカ大衆の革命的高揚の根底にあるのは、大衆の生活上の利益に対応するためにあらゆる既存の枠組みを破壊する傾向をもち、破壊を要求する力学です。革命的暴力は、労働者と農民の経済的要求、学生の抗議行動が、最大の残虐行為によって撃退されているところでは不可避になっています。ラテンアメリカ全体に、事実上独裁制が存在しており、これは政治闘争の伝統的形態を排除し、無効にしてきました。多くの共産主義政党によって今も要求されているような統一戦線や、二、三のトロツキスト・グループがようごする、組合活動から全般的蜂起への移行をなしとげるはずの大衆的ストライキなどは、軍事的機構に対しては何事をもなし得ません。しかし体制の背骨たる軍事機構の破壊こそ、体制を超克するためのもっとも本質的な前提をなしています。ことにラテンアメリカにおける社会的矛盾の激化、革命家の具体的任務が、反動勢力を結束させるにいたっているだけに、一層そうです。したがって、ラテンアメリカにおける革命家の具体的任務とは、革命的な権力奪取を実現するための理論的・政治的条件を導入し、そのための組織形態を見出すことなのです。

革命運動がいかなるコースを歩むかは、すでにベネズエラ、コロンビア、ボリビア、グアテマラが示してくれています。それは、政治闘争の主要形態としてのゲリラ戦の路線です。これこそ、抑圧された階級の革命的意志を形成し、その階級の真の政治権力を建設するのです。チェ・ゲバラはつい先ごろ、次のように書いています。「もはやいかなる変更もあり得ない。社会主義革命か、革命のカリカチュアかである。それがベトナムがたどっている道である。忘れられた大陸としてのラテンアメリカは本質的な任務を持っている。すなわち、第二、第三のベトナムを作ることである。なぜなら帝国主義は世界的体制であり、全地球上的な対決によって打倒しなければならぬものであると考えざるを得ないからだ。」

結語として、すでに故人となったアメリカ外相ジョン・フォスター・ダレスのことばを引用したいと思います。「USAには友人はない。USAは利害打算しか持たないからである」と彼は語っているのです。

バーマン・ニルマント　二、三の未開発諸国に関する研究の結果に相違があるとしても、このずれが、通常さまざまな名称で呼ばれているが、われわれの間ではいずれも永続的反革命として知られているある病的状態の症候群に属するものであるという事実を見失ってはなりません。反革命は、人間がおのれの幸福と自由との恣意的、非理性的制約をもはや宿命としては受けとらなくなったところではいたるところで作動しています。しかし反革命は、操作された意識に対していつわりの自由の仮象の暗示をかけているところでは、直接、大衆の飢餓と貧困とを保持するために登場しているところとは別の特徴をもっています。解放過程のチャンスは、どちらの場合でも、一つの非合理的支配がおちいっている困惑と矛盾の中に見てとることができます。あらゆる新植民地政策には脱け道がないということも、新植民地政策がベトナムにおいてむきだしの暴力に転じたのちは、もはやそれ以上の証明を必要としないでありましょう。だが、この政策が外見上依然として機能しているかにみえる形勢下において、つまり大部分、前革命的な第三世界の諸国においても、すでにこの政策を特徴づけているのは、矛盾以外の何ものでもないのです。もう一度ごく簡単に、未開発のままにとどめられている諸国に対する大都市の関係の歴史的発展を概括しておきましょう。

一、初期資本主義は、植民地諸国の富と労力を無料で占有するよう編成されていた。収奪は、この時期には、技術的および軍事的優越にもとづいて成功していた。植民地国の社会過程は、外国の支配のもとで停滞をつづけた。

二、帝国主義は経済的・政治的従属を必要とする。その生産能力は、大衆の低所得のために、消費能力を上まわっている。商品輸出、資本輸出が、原料獲得とならぶ帝国主義政策の次の動機として登場する。植民地諸国の資源の収奪は強化される。農業地域に単式農法が生ずる。鉱山あるいは原料採掘のような略奪産業は完全に一面的に拡大される。この段階において、帝国主義政策は、強力な封建的階層の存在に依拠している。この層は民族的富の徴発に法的効力を付与する。買収された買弁層が形成される。彼らは、植民地支配者と協力するつもりであり、この協同作業が同時に、身分であり物質的基盤なのでもある。この過程が、他ならぬこの階層に精神的物質的な寄生虫たる宿命を与える。だがこれは、その歴史的機能からみれば伝統的な封建階層を解体させるべき定めを負っているはずであった。往時のヨーロッパにおけるように、封建領主から政治的権利を奪い、おのれの技術的・科学的達成と、これに由来する社会的生産力の拡大とを、自分のために利用しようとするブルジョア階級などは、どの植民地国にもいない。工業的進歩、学問、芸術は既製品として輸入され、自分自身による探究によって発展せしめられたり、補足されたりすることはない。大都市の慣習に同化することが歴史意識の代用物となる。

三、このような階層やその特有な社会的背景が欠けていること、すなわち自覚的なブルジョア階級があらわれず、伝統的な社会秩序と価値体系がリベラルになり世俗化する過程もあらわれないということが、今日の新植民地主義政策をして解きがたい矛盾に直面させている。一面において、依然として、未開発諸国の原料に対する依拠があり、それにともなって、特権的封建階層への依存がある。この階層は、この収奪のわけ前にあずかり、国民に対しては、これを民族的政策としてカモフラージュする。他面、大都市から未開発諸国への公私の資本輸出は、新しい市場の造成、すなわち、間接的に商品輸出の拡大に役立つ。この金額の相当部分は消費財産業への私的投資として投下される。同様に商品輸出もほとんど消費財部門の半製品および既製品からなる。しかしこれらの商品の販路は、私有財産と購買力が、封建制度におけるよりも広範にひろがっていることを前提とする。封建社会において自由市場経済を行なうことが不可能なことは古い支配構造を保持しようとする帝国主義の関心と衝突する。封建制を放棄しないままに、資本主義が必要だった。

このことに対応して、このディレンマから脱しようとするすべての試みには、中途半端という共通の標識があります。「改革」というのが資本主義と封建制とのジンテーゼを魔法で呼びだすための標語なのです。以来、中途半端な改革が、前革命的諸国のいたるところで行なわれます。肥沃な土地のうちのほんの一かけらを農民の私有地に与えるだけの土地改革。土地を手離した大地主のためには魅力的な産業の持株が用意されており、彼らは、以前に劣らぬ特権を持つ独占業者となるのです。自国の経済の機能力よりも外国商品の販路の方に利益を感ずる下請的投資による国土の経済開発。港湾と資本との間には輸送路、交通路。だが農村への結びつきはありません。人口のほんの微々たる部分のために基幹産業学校、および農業学校を用意する教育制度の確立。形式民主主義的機構の設立による住民の民主化。しかしこれは、民族ブルジョアジーが外国による原料徴発を妨害しようとするとき限界を見せます。農民のために少額貸付を認可することによる農業振興。農民は農具の購買者として、またなによりも消費者として動員されるわけですが、この少額貸付では農業生産物にとって不可欠な灌漑、堰どめダム、害虫駆除を十分に整えることはできません。国内資本の奨励。しかし軽工業の分野に限られ、大都市の重工業および流通産業に高度に依存したままです。そして自国の政府が外国商品に対して門戸開放政策をとる場合、強固な基本産業が存在することは、どの資本主義経済にとっても依然として不可欠なのですが、これは、帝国主義の古くからの目標たる原料収奪と衝突します。なぜなら、原料は、少なくともかなりの部分が国内産業のために消費されるからです。さらにまた、新植民地主義の目標とも衝突します。すなわち、植民地国内に強固な基本産業が成立すれば、これまでの重工業生産物のための比較的安定した市場がうしなわれ、やがて、加工産業との競争の激化にも直面しなければならないからです。

新植民地主義政策の内包するこの解きがたい矛盾は、流血テロに集中的に表現されています。この流血テロとは、相互に衝突する諸部分の過度の緊張下にかろうじて形を保っている未開発国において展開されるもののことです。だがテロをもってしても、開発途上地域に輸出された資本主義の矛盾が輸出国に帰っていくのを妨げることはできないでしょう。このような危機の瞬間にあっては、火花が、解放運動の中で闘っている第三世界の諸国民から、大都市の中のもはや統合化され得ない層に引火します。そのとき、意識の搾取と操作とによってベールをかぶされた抑圧に対して反抗する、高度に発達した国の中の孤立したグループ、局外者グループに、利害対立の激化、抑圧の激化のために、労働者大衆も合流していくでしょう。生産関係、所有関係の変革を要求している労働者大衆なら、合流してくるでしょう。

今日の討論の成果から結論を引きだすならば、富める世界と貧しい世界とに共通するメルクマールとして、抑圧が、つまりさまざまな現象形態の抑圧が浮かびあがります。ベトナムの殺戮の中に露呈された暴力やペルシャにおいて郷土の知事を通じて無実の人間に死刑を宣告した暴力と、大都市において潜在的な影響を及ぼし市民の意識を損なっていく暴力とは同じものなのです。未開発の状態にとどめられている国においては、革命の潜在力は、住民大衆の中にあり、また、農民、労働者の中に、さらには一たび民族の味方に引き入れられた場合には民族解放闘争に加担することによって名誉を復権する民族ブルジョアジーの中に、あるのです。

これに対し大都市には今日、革命のための物質的基盤が欠けています。なるほど労働者階級は依然として、自己の同一性を失うまでに搾取されています。しかし、陰険なイデオロギーの小道具に自足しており、真のおのれの状態についての自覚を欠いたままなのです。議会外反対派、生産過程の外部に立つ反対派は今日、なお孤立を続けています。同盟者を求めるべきは、抑圧の媒体と化しているグループにではなく、抑圧の対象となっているグループにおいてです。すなわち、労働者および労働組合の下部組織に求めるべきです。だが知識人反対派が孤立を突破して生産過程内のグループとの結びつきを打ち建てようとする瞬間に、すでに当地ベルリンで見られたように、体制は極度に敏感に反応し、民主主義のルールを、いささかもためらわずに無視してしまいます。消極的な抵抗や非暴力行動の方も、私には、きわめて間接的で、長期的な展望の中でしか効果を持たないように思われます。

ここで、この前の討論会で示唆された一つの考え方に触れておきたいと思います。それは、資本主義国の経済構造に統合されている以上、前革命的後進諸国は、資本主義体制内の一階級と見なされるべきであるという思想のことです。この階級は革命を決意しています。知識人反対派が実効性をもつか否かは、今や、果たしてこの反対派が、この世界的規模の関連を意識し、これを理論において、組織において、アクチュアルなものとすることができるか否か、そしていつできるのかにかかっています。この両グループの最初の結びつきを生みだしたのは、皮肉なことに反革命の側なのです。帝国主義的政策をイデオロギー的に支え、正当化するために、前革命的後進諸国においては西欧化の過程としての教育が行なわれています。この特殊な意識生産のために新植民地諸国は学校、大学、文化施設を使うことができます。ところがその本来の意図に反して、これらの施設は第三世界の知識人が、批判的理論を解明し、利用し、ヨーロッパ左翼との連帯を見出すことを可能にしたのです。一方、これまでは西欧の共産主義的諸政党の行動は、ベトナムにおけるアメリカの戦争ほどに、反対派の拡大と国際化に貢献することはできませんでした。ベトナムにおける民族殺戮に対する抗議は、どうみてもベトナム一国にとどまっていることはあり得ないので、おそらくは、ヨーロッパにおいて労働者階級が革命的階級としては後退したことに伴って失われていたもの、すなわち左翼の大衆的基盤を再建することになるかも知れません。

さしあたり理論と実践との間の緊張の場にわれわれは立っているのです。このことは、われわれに根気と頑張りを強く要求します。直接的な革命の見込みがないことを洞察したからといって、活動を理論面だけに限定したいという誘惑におちいってはなりません。現下の状況においては、理論面だけに自己限定することは理論そのものを裏切ることになるでしょう。理論のために実践を放棄することは、今日では、時期尚早に企てられる革命と同様、大きな誤りとなるでしょう。対抗的大学は後に広範に広まる効果的な啓蒙活動のための優秀な根拠地です。研究しなければならないのは行動への適用と関連づけられたゲリラ戦術です。これについてはアメリカからおいでになっているマルクーゼ教授が報告なさっています。今は革命への方向づけの中で、理論に支えられた挑発も有益です。すなわち、現体制の潜在的暴力、潜在的ファシズムを暴露し、ベールをはぎとるに適した挑発が有益なのです。このベールは今のところ支配する側にも、支配される側にも貴重なものと考えられているのです。

ヘルベルト・マルクーゼ　ただいま拝聴した三人の報告者による報告の力点の置き方の相違は私が予想していたよりもはるかに小さなものでした。私はこのことを大変うれしく思います。ただあとの方の二つの見解の力点の置き方の違いについて二、三述べておきたいと思います。帝国主義の発展の中で露呈してくる危機を通じて、大都市の労働者階級が革命的な展開を見せるであろうという希望がかつてありました――でも私はすでに示唆しておいたとおり統合がイデオロギーの分野においてばかりでなく、物質的基盤においても行なわれたという理由で、依然としてますます悲観的になっています。報告の中で示された経済分析についてはほぼ完全に同意します。経済分析にこのように力点が置かれたことを喜ばしく思います。みなさんが三つの報告で聞かれたところによっても、マルクス主義者の間で、今日なお、帝国主義という概念を用いるのに恐ろしいほど過度の敏感さがなぜ存在するのか、みなさんもほとんど理解できないだろうと思います――私もこれが、ずっと以前から不可解でした。私には、三報告の中で拝聴させていただいたことは、まさしく古典的な帝国主義理論にきわめて近く、いったいいかなる理由から、帝国主義概念のこのような誤った学問的適用に対する過剰な敏感さが今なお成り立ち得るのか自問せざるを得ないように思われるのです。それにしても、われわれはここにおいて歴史上かつて存在したことがなかったほどの規模と権力とを持つ帝国主義と関わっているのです。われわれが今日なにはさておき入念に練り直さなければならないのは、おそらく古典的帝国主義論なのです。

もう一つの力点の置き方のずれの方は、はたしてそれが、ずれなのかどうか、つまり、三報告者が私と見解が一致していないのかどうか、私にはよくわからないのです。第三世界と第三世界の解放闘争が、資本主義体制の根本的変化にとって、とてつもなく重大な意味をもつということを私は十分に強調してきたと思います。しかしつけ加えねばならないのは、植民地主義的意志と権力とが断ちきらるべきは大都市においてであるということです。なぜなら、この二つの力の合流と協力点の中からのみ、希望を現実に転化させることができるからです。

第三世界についてのこのような説明が、私の本来の理論にどのように適合しているかについて二、三述べる気はないか、という質問を受けました。このことはあまり重要ではありませんが、マルクス主義理論とどのように適合しているかについて、二、三触れておきたいと思います。御存じのように、私はマルクス主義理論の研究に努力してきたと依然として信じています。しかし、このような方向での素描はようやく用意されたばかりのところです。三十年来、階級闘争が、国際的な場に持ちこまれたということを人々は語っています。つまり、高度に発達した工業国家におけるプロレタリアートが、役割の少なくとも一部を、第三世界のいわゆる後進国のプロレタリアートに徐々に譲り渡していくということが語られています。ここでは単に比喩以上のことが問題となっているのです。つまり、マルクス主義理論そのものの枠内で要請される概念の重大な変化が実際に問題となっているのです。いずれにせよ、認めなければならないのは、第三世界におけるプロレタリアートの極く小部分のみが工業プロレタリアートであり、圧倒的部分が農業プロレタリアートであるということです。この関連の中に、事実、マルクスにおける概念形成との本質的な相違が成立するのです。これら植民地主義諸国において、社会の物質的生産と再生産とにおける基礎的役割を引受けているのは他ならぬ農業プロレタリアートではないでしょうか。したがってこの階級こそが実際に、搾取と抑圧の全重量をになっているのみならず、物質的生産そのものにおける決定的な位置をも占めているのではないでしょうか。そして、これこそわれわれ大都市における反対派においては欠けているものなのです。したがって、この点からみても、大都市におけるプロレタリアの役割の一部が、新植民地主義諸国の農業プロレタリアにともかくも引き継がれた、という概念の転化は、真にマルクス主義的な概念変化であることになります。

ベトナム戦争の分析においては、私は報告者の方々に完全に同意します。ただし締めくくりとしてもう一言述べておきたいと思います。かの地で発生している戦慄すべき事態、この事態をもたらし、この事態をほこらしげに宣伝に使うむきだしの残虐性に比べて、合衆国内の反対派はお恥ずかしいほど小さく、弱い。このことに関しては自らをあざむいてはならないと思います。人口中の相当の部分がベトナムにおける戦争に反対しているということを読むとき忘れてはならないのは、この世論の大部分が、戦争に対する反対派が戦争を戦争として非難することから生まれているのか、それともあまりにも弱体で効果のない作戦に反対しているのかは、わからないということです。今年は——今年ばかりでないことを心から希む次第です。来年も参りたく思っております——皆さんにお話しする機会があったわけですが、ここで二、三、枠をはみでたことをお話しするのをお許しください。当地のこの催しで、いささか気付いたことがあります。ある種の問題回避のことです。すなわち、近東紛争の問題が除外されていることです。

後期資本主義と第三世界の今日の状勢に関するある討論で、近東における紛争が話題になったと仮定してください。ほかならぬこの紛争が左翼内部、とくにマルクス主義的左翼内部に破壊的影響を及ぼしているだけに一層、そう仮定していただきたい。左派はこの紛争によって分裂しました。いまだかつてなかったほどの分裂です。とくに合衆国においてそうです。しかし近東における紛争が、さなきだにすでに弱体なベトナム戦争反対派をますます弱体化させたといえば、恐らくは誇張になるでしょう。その理由は極く容易に理解されます。実際、左翼の中には、イスラエルとのきわめて強固な、きわめて明瞭な一体感があるのです。他面、左翼、ことにほかならぬマルクス主義的左翼は、アラブ世界が、部分的には反帝国主義世界と一致していることを隠蔽するわけにはいきません。観念的連帯と、情緒的連帯とが、ここでは客観的に分離され分裂しているのです。この状況のもとにあっては、私がいま申し上げようとしていることは、客観的な状況分析としてよりは、私の個人的見解としてみなさんの討論に供したいと存じます。おわかりいただけると存じますが、私はきわめて私的な関係および、決して私的とばかりはいえぬ関係からイスラエルに対して、連帯感と一体感を感じております。私は、くりかえし、情緒、倫理観、道徳感覚も政治の一部である、さらには学問の一部でさえあり、情緒なしには、学問も政治も行ないえないと指摘してきましたが、ほかならぬその私は、この連帯感の中に、単なる個人的先入見以上のものを見出さねばならないわけです。ユダヤ人が幾世紀にもわたって迫害されたもの、弾圧されたものであったこと、六百万人ものユダヤ人が抹殺されたのはそう遠い昔のことではないことなど、私は忘れることはできません。これは事実なのです。このような人々のために、もはや迫害と弾圧を恐れる必要のない領域がやっとつくりだされたとするならば、これこそ、私が一体感を表明せざるを得ない一つの目標なのです。この点に関し、ジャン＝ポール・サルトル氏と見解が一致したことを喜ばしく思います。いかなる事情があろうとも阻止しなくてはならないのは、イスラエルに対する新たな絶滅戦である。そう彼は語っています。問題に答えるさい、われわれはこの前提から出発しなければなりません。この前提はいささかも、イスラエル保証書の裏書きを意味するものではありませんし、逆の側を完全に是認するものでもありません。

いわんとするところをもう少し詳しく説明させてください。独立した国家としてのイスラエル国家の創設は、不当なことであったと言うことができます。しかも、この国家が、国際的な合意によって、異邦の地に建設されながら、土着の住民の問題、土着の住民の身に起こった問題について、実際上なんの弁明も無しに行なわれたという点で不当なのです。しかし、この不当が、別のより大きな不当によってつぐなわれればよいというものではありません。この国家は存在しているのです。そして今この国家に敵対している周囲の世界との協調は必ずや見出されねばなりません。それが唯一の解決策なのです。

最初の不当な行為に続いて、イスラエルの側に第二の不当な行為があったことが認められます。イスラエル国内のアラビア住民の取扱いは、少なくとも――たとえそれ以上ではないとしても――非難さるべきです。イスラエル国内の政治は人種主義的・国粋主義的性質を示しましたが、これは、われわれユダヤ人こそが非難されるべきであったし、今も非難されるべきであります。イスラエル国内のアラブ人が、法的には平等でありながら、二級、三級の市民としてしか取扱われていないという状態に同意することは拒否しなくてはなりません。

三番目の不当行為は——どうも問題をそう簡単にはは しょれないのがおわかりいただけると思うのですが——建国以来のイスラエルの外交政策が、アメリカの外交にあまりにも密着して進められているということなのですが、これもまた事実だと私は思います。合衆国においては代表者、つまりイスラエルの代表者が帝国主義に対する第三世界の解放闘争に対してはっきりした態度を表明する機会はほとんどありませんでした。このことが、イスラエルと帝国主義とを同一視することを容易にしてきたのです。このことが、アラブ側を反帝国主義と同一視することをなおいっそう容易にしてきたということでもあるのです。

ここでも私は、問題をそう単純にしてしまうわけにはいきません。つまりアラブ世界は決して統一体ではないということです。みなさんもよく御承知のことですが、アラブ世界は、進歩的国家・社会と反動的国家・社会とからなりたっています。帝国主義を支持しているということが論ぜらるべきだとしても、はたしてその帝国主義は、国連におけるイスラエルが西欧諸国に賛成投票を投ずることによって、援護されているのか、それともまた、サウジアラビアやクェートが帝国主義諸国に石油を継続的に提供していることによって支持されているのかという問題が依然として残っています。この石油供給は、すでに何度もくりかえされているのです。第二に指摘しておかねばならないのは、イスラエル側の和解の試みが、幾度となくなされたにもかかわらず、アラブ側代表者によって拒否されているということです。第三に、そして最後に、アラブの代表者が、単なる個人としてでなく、イスラエルに対する絶滅戦が遂行されねばならないと公然と言明しているのは、事実です。これは事実なのです。（ひどく遺憾なことに、記録で確認することさえできます。）このような状勢のもとに、またこのような関連の中で予防戦争が行なわれるのです。エジプト、シリア、ヨルダンに対する戦争に、そのような予防戦争として理解され、評価されねばなりませんでした。問題は、この恐るべき紛争のかまどをぬりこめてしまうためにはどういうことが起これればよいか、ということです。困るのはイスラエルとアラブ諸国との紛争がだいぶ前から合衆国とソ連の紛争になってきたということです。つまり紛争が、とうに本来の土地を離れて外交の領域——正式外交においても秘密外交においても——および双方への武器提供競争へともちこまれていることが、困るのです。大問題は、いかにしてこの紛争のわくをもう一度せばめ得るかということです。イスラエルの代表者とアラブ諸国の代表者とが、相並んでですわり、自分たちの問題を——恐喝的大国の問題とは別物です——この固有の問題を議論しあい、解決を試みることができるよう、われわれはでき得るかぎりのことをしなくてはなりません。この討論の中で、イスラエルと、その相手であるアラブとが、帝国主義列強の干渉に対してついに共同戦線を組むことができるような状態がうみだされるなら、理想的といえましょう。というのは、アラブ諸国においても、なお社会革命が行なわれねばならないからです。それを忘れてはなりません。おそらく、この社会革命は、イスラエル破壊よりもはるかに緊急の課題なのです。最後に、おそらくみなさんが受け入れてくださるであろう一つの指摘によって、私の話しを終えたいと存じます。みなさんの中で、あの分厚い本、つまり『レ・タン・モデルヌ』誌がイスラエル・アラブ紛争に関して刊行した資料集をすでに御存じの方も多いと存じます。これは、編集部で一定の態度を表明していない資料集です。第一部、アラブ側の立場。第二部イスラエル側の立場。編集部の説明も評価もついていません。読者が各自の判定を下すことができます。唯一の偏りといえば、この書物がおそらく、双方の側の左翼的潮流にやや力点を置いていることではないかと思います。発言しているのはアラブの左翼であり、イスラエルの立場を代表している左翼です。この本の驚嘆すべき点は、お読みになればわかるように、アラブの左派の立場とイスラエルの左派の立場とがどれほど近いものか、ということです。一度このことがはっきりすれば、おそらく多少は楽観的になれるでしょうし、この両国の間の直接的な和解の基盤がおそらくすでに存在していることがわかるでしょう。

ルディ・ドゥチュケ われわれは最近までイスラエルとエジプトだけでなく、ソ連と中華人民共和国の問題をも排除してきました。しかし今日ベトナムに関連してこれに言及することが必要です。つまり、世界的規模の対決の過程におけるいわゆる第三世界、中国、ソ連、人民民主主義国の位置が重要なのです。東西対決ではなく、一方で歴史的に過剰なものとなっている支配、貧困、飢餓、戦争の世界、他方でそれらによって特徴づけられる現代世界から歴史的に解放された可能性をもつ世界との間の対決です。これを理解することは決定的に重要です。

チェ・ゲバラはこれについてベトナムに関して次のように言っています。「苦しみに満ちた現実がある、ベトナムだ。階級と人民の期待と希望を代表するあの国は悲劇的な孤立の中に立っている。この人民は合衆国テクノロジーの野蛮な攻撃を、南ではほとんど防御能力もなく、北ではほんのささやかな防衛能力をもって、耐え忍んでいる。だが、常に孤立している。世界の進歩的諸国とベトナム人民との連帯は、ローマの競技場における闘士に対する市民の拍手がもつ苦い皮肉に似ている。侵略の犠牲者たちが成功をおさめるよう願うことが必要なのではない。彼らと運命をともにし、死にいたるまで、あるいは勝利にいたるまでともに歩むことこそ重要なのだ。北米帝国主義は侵略のとがを負うている。その犯行は途方もなく、全世界にわたっている。諸君、われわれはそのことは先刻らい承知なのだ。しかし、決定的な時点で、ベトナムを社会主義陣営のおかすべからざる部分にすることをためらっている者もまた、有罪なのだ。大分前から、社会主義陣営の二大強国によって始められた誹謗と罵倒の争いに固執している者も同様に有罪である。」

チェ・ゲバラはここまで言い切っているのです。さて問題は、中国およびソ連の態度が歴史的な必然性をもっているのかどうかであります。単にソ連、人民民主主義諸国における革命的意志の欠如だけが問題なのかどうか、それとももしかしたら中国人にもまた、それが欠けていることがあるのではないか、ということです。私は、ソ連の態度には構造的、客観的な特徴がある、と思います。ソ連で支配的な機構のシステムを特徴づけているのは、党と大衆との間に批判的・創造的な対話がまったく存在しないということです。官僚制による統治の自立的な体系、党と国家機関との連結、数十年来の党と大衆との間の疎隔。これらが、あいまいな態度の基盤であり、メンシェヴィキ的な動揺をつづけるソ連の基盤なのです。ソ連は左手でベトナム革命のための武器と弾薬を提供しながら、右手で、腐敗したインド・ブルジョアジー、犯罪的なシャー（イラン王）体制を長期借款によって援助し、ラテンアメリカの共産党員に武装蜂起を禁ずることによって、革命の陣営に政争、分裂を持ちこみ、ラテンアメリカのベトナム化を妨害しているのです。

しかし革命と共産党とは――なにかまったく新しい事態なのですが――とうに、もはや一致しなくなっています。ボリビアでは共産党員はボリビアのゲリラの存在を政府の新聞ではじめて知りました――そしてどうしてもそれを信じようとしませんでした。ボリビアの政府軍部隊が、チェ・ゲバラによって指揮された可能性の高いゲリラによって敗北させられてはじめて、共産党員はゲリラの存在を納得したのです。そして、彼らはボリビアの問題へのキューバの干渉を口にしはじめたのです。こんなふうにして、人は歴史のごみためにたどりつくこともあるわけです。しかし、もはや貧困と屈辱の永久化を受け入れるつもりのない人間は、解放闘争を継続し、革命的闘争の新しい組織形態を発展させるでしょう。

われわれが前にしているのはまったく新しい状勢です。ここ大都市における対決におけるわれわれの状況のためにも、この状勢を把握しなければなりません。

二番目の姿勢としての中国の姿勢は、私見によれば、ソ連の姿勢とは構造上違っています。一九二三年から第二次大戦後の中国革命の勝利にいたるまでの長期にわたる中国革命の闘い、今日にいたるまでの革命の継続は、党と大衆、党と国家との間の疎隔を、意識と経済とにおける官僚主義化、資本主義復活に対する組織的なキャンペーンによって、くりかえし止揚することを可能にしてきました。それにもかかわらずわれわれは中国の闘いの困難さを見まごうてはなりません。合衆国による侵略の脅威に対する備え、きわめて未発展な工業的基盤から社会主義的に発展した工業国へ至るまでの内政の困難さは、決して単純ではない状況についておぼろげながら推察させてくれます。しかし、これもまた見逃してはならないのは、中国の同志たちの外政上の分析は、インドネシアについてであれ、イスラエル、エジプト、あるいはアルジェリアについてであれ、これらの紛争の核心を射ていない、ということです。これは、永続的革命の理論の原理的なテーゼと関係があるように思われます。つまり、民族解放闘争の理論と戦術は、徹頭徹尾、人民によって遂行されねばならないのであって、外国の指示によって遂行されてはならないというテーゼです。

チェ・ゲバラがすでに示唆したソ連と中国との対立の継続の問題は、私が問題としたような必然性をまったくもたない、と思います。すなわち、第三世界の戦いをもっと効果的にし、支配に反対するあらゆる勢力の具体的な連帯を達成するために、このような罵倒の投げ合いは排除されねばならないことだと思います。支配に対するさまざまな陣営内の見解の相違はとりさげ、すべてを帝国主義に対する戦いにささげるべき時が来た、というチェ・ゲバラの見解に、私は賛成です。大きな見解の相違が自由のために戦っている世界に衝撃を与えているということをわれわれは皆知っています。それをかくすことはできません。その相違が対話や和解をまったく不可能にする、とはいわないまでも、極度に困難にする性質をもち、尖鋭化しているということもすでに承知しています。相手が避けている対話のために方法を見出そうとするのは無益です。しかし、敵はいるのだ。日々に打撃を加えてきており、さらに新たな打撃をもって威嚇しているのです。この打撃が——とチェ・ゲバラは語っています——今日か明日か、それとも明後日か、われわれを一つにすることでしょう。これに気付いたもの、必要な協力を行なう準備ができたものこそが、戦っている人民の承認を得るでしょう。

われわれは大都市にあって——これこそわれわれが討論しなければならないのですが——第三世界と第二世界の間に媒介が形成されるように力を貸すという任務をになっています。この第三世界と第二世界とを媒介する中でこそ、資本主義および現在の社会主義のかなたにあるわれわれ独自の政治的立場をつくりだし、わが国の現存体制に対する闘争を遂行することができるでしょう。われわれは今日、東か西かというにせの二者択一の彼岸にある立場を発展させねばならないということはすでに理解しています。われわれが一致しているのは、全世界に人間にふさわしい状態を建設するための戦いに他なりません。

ボルフガング・シュビールツィク　この催しの副題には、第三世界および大都市の反対派についての講演が、公告されていました。ここ数日、当地ベルリンにおいてもすでに反対派運動についていろいろと話されてきたことは承知しています。しかし、私は議論をきわめて実践的な地点に持ちこみたいと思います。みなさんが御承知のように、ベルリンで行なわれた大きなデモはすべて、第三世界に対する意志表示がその動機です。これはチョンベに始まり、ベトナム、ペルシャにおよんでいます。およそ十日ほど前から、大学構内を、ベトコンのための募金箱をもった学生がかけずりまわっている様子はみなさんも御覧になりました。これに加えて二、三の体験をお伝えしたい。およそ三週間ほど前、医療品のための募金が行なわれました。私自身も募金活動を行ないました。数日で相当の金額が集まりました。しかし、武器のためのカンパをつのったとき、募金額はわずかなものでしかありませんでした。これについていささか申し上げたいと思うのです。つまり——マルクーゼ教授はきっぱりとした拒否についてお話し下さいましたが——われわれが医療品のための募金をやっているかぎり、問題はきっぱりした否認ではなく、ヘルゴランド島政策の鏡像なのです。つまり、ここで論ずべきは、いかなる具体的形態——おそらくマルクーゼ教授が、アメリカにおける御経験についてお話し下されると存じますが——連帯のいかなる具体的形態が第三世界における戦いを援けるために存在しうるか、また、武器購入の募金がそのような形態の一つであるか否か、ということです。ヨーロッパにおける反権威闘争に関して存在した最後の大規模な連帯は一九三七年から一九三九年にいたるスペインとの連帯でした。この連帯は医療品援助に限られてはいませんでした。義勇軍がありました。資金カンパ、武器調達もありました。察するに、すくなくともみなさんのうち、二人に一人は今でも家にエルンスト・ブッシュ・プレートを簞笥の中にしまっていらっしゃるでしょうし、今もなおスペイン・ロマン主義に敬意をいだいておいでと思います。わが国にもパルチザン・ロマン主義とでもいったものがあるように思われます。討論においても、ベトナムで戦われている目標との連帯感を感じているのです。ところが武器購入のために一マルクさしだすことが問題となるだけで、もうその連帯感は消えてしまうのです。

ヘルベルト・マルクーゼ　ただいま御希望がありましたので、合衆国における経験についてごく簡単に申し上げたいと思います。北ベトナムへのあらゆる援助は、現行法上、違法です。資金援助でさえそうです。カナダ経由のルートがあります。フランス経由のルートがあります。これらのルートは利用しつくされています。実際上、今は資金援助です。私が別の方面、すなわち北ベトナム代表者から直接聞いて知っていることですが、この資金援助がおそらくもっとも役に立つということです。資金カンパを行なわねばなりません。武器のためか医療品のためかを絶対にいわねばならないという必要はないでしょう。そのように神経症的に信仰告白を強制するのはちょっと行き過ぎです。しかしいずれにせよ、募金は行なわねばなりません。

義勇軍の問題。一つ問題があります。つまり、ゲリラ戦という条件下に西欧知識人が実際のところどれほど貢献できるか、ということです。このような義勇兵が、役立つよりはむしろ荷やっかいになったといういくつかの例を聞いています。もっとも、例えば医師、医療助手、技術者等はまったく別です。したがって、義勇兵として参加するというこの第二段階は、役には立つのですが、アメリカでは極くせまい枠の中でのみ試みられたことです。というのは、これに参加すれば二度と合衆国へは帰れないことをだれもが承知しているからです。

ペーター・ゲング　武器購入募金に際しての神経症的な信仰告白の強制が問題になっています。事実について根本的な誤解があります。この武器購入義捐金が北ベトナムあるいは民族解放戦線の軍備に重要な寄与をなすという見解をだれかがいだいているということではないのです。問題は、二者択一の際に――ここ自由大学構内におけるいくつかの討論でも明らかになったことですが――つまり武器のための募金か医療品のためかという二者択一の際に、武器購入カンパはベトナム戦争を長びかせることになる、という論法が用いられたことです。つまり、根本的には、合衆国はこの戦争に勝つであろうが民族解放戦線は武器を手に入れることによって戦いを続け得る期間がのびるということから出発しているわけです。実際に重要なのは、侵略の犠牲者に慈善的に連帯するのか、それとも合衆国に対する戦いに連帯するのか、ということです。いかなる条件のもとにおいてであるかを問わずただベトナムにおける平和をつくりだそうとし、この平和が訪れるまでは犠牲者に苦痛の緩和剤を提供しようということから抽象的に出発するかぎり、結局はベトナムその他の第三世界諸国における搾取と抑圧が廃棄されるか、されないかには、われわれはまったく無関心ということから出発していることになるのです。

バーマン・ニルマント　ここでは反対派の行動についてのみ一言申しあげたいと思います。ベトナム戦争の道具はベトナムではなく、大都市で生産されるということです。

ルディ・ドゥチュケ　平和主義を原理とすることは第三世界の場合、そして第三世界における人民の戦いに関して言う限り、反革命と同義語です。なぜなら、原理的平和主義は、自分では避けようとしている事態をつくりだすからです。つまり、犠牲者側に敵対する側に加担することになるのです。しかし、このことは決して――これについても触れないわけにはいきません――このことは決して、大都市における革命的暴力の必然性を承認するものではありません。われわれは第三世界と大都市における方法の適用については原則的に区別しています。第三世界における革命的テロリズムおよび革命的戦争の必然性と完全に一体化することは、戦っている人民と、わが国における抵抗の形態の発展のためには欠くことのできぬ条件です。わが国における抵抗の形態は、本質的には暴力的な性質をもっていますが、憎しみと革命テロという特殊な側面、悪しき側面は欠いています。この点を除けば、わが国における抵抗はメダルの片面、すなわち全世界における支配に対する闘争の一面をなしているのです。

ペーター・ゲング　われわれは以前に一つの問題に言及しました。すなわち大都市における反対派の役割です。ところで、ルディ・ドゥチュケは中ソ間紛争の説明の中で、私見によれば、構造上の誤りを犯しているように思われます。彼が出発しているのは、唯一の二者択一は、ソ連が、物質的に解放運動と連帯するか否か、中ソ紛争が一時的に控えられることによって民族解放運動が外部から援助を受けられるようになるか否か、であるということになります。この援助が民族解放運動をして、大都市と対等に強力ならしめる、すなわち民族解放闘争において勝利することをあるいは可能にするであろう、というのです。弱者たる民族解放運動のためにつけられるこの理論上のハンディキャップからの帰結がソ連へのアピールとなるわけです。部分的にはチェ・ゲバラからも発せられているアピールです。ソ連および人民民主主義国に対するアピールです。民族解放運動を援助せよというのですが、その際、人民民主主義国自身の独特の諸問題は考慮に入っていません。

第三世界における解放運動は、なによりもまず、大都市そのものにおける矛盾の発展にも依存しているという点から、われわれの分析は出発しました。事実、人民民主主義諸国と資本主義的高度工業国との接近、内政および外政上の接近と緊張緩和が、このための構成要因をなしています。それは、これによって、共産主義、社会主義などに対する資本主義諸国の住民、労働者階級のタブーが、除去されたからです。今日では、資本主義国の労働者、個人で、人民民主主義国をユートピアの実現、あるいはユートピアの好ましくない実現とすら理解しているものはますます少なくなりつつあります。逆に、ここにあるのはユートピアとはまだほとんど関わりのない別の発展軌道であるということをますます理解するようになってきています。

平和共存の発展とは、われわれがベトナム援助を改善するようソ連に訴えるか否かとは無関係に進行する客観的成り行きであるということから出発するならば、ここから資本主義本国における反対派のためのいかなるチャンスが生ずるかを探究しなければならないと私は思うのです。このことに関しては一つの点をあげておきたいと思います。高度に工業化した社会主義国と高度に工業化した資本主義国との間の対立は、とりわけ、この状況によって社会主義国における階級闘争が停止され、外へ向かっての階級闘争に転移されることから発しています。この外への階級闘争の転移の中で労働運動における社会排外主義的傾向が強まります。この傾向はおそらく、社会主義国と資本主義国との間のこの状況が止むことによって除去されるでしょう。いいかえると、資本主義国の労働者階級の中に資本主義体制に対する反対に刺激を与える客観的可能性だけが高まることによって、階級闘争を再びインターナショナルなものとする可能性が生れてきたとき、ということです。

ヘルベルト・マルクーゼ　それではみなさん、さようなら。来年またここでおめにかかりましょう。

中公
クラシックス
W87

ユートピアの終焉《しゅうえん》
——過剰《かじょう》・抑圧《よくあつ》・暴力《ぼうりょく》

マルクーゼ

2016年7月25日発行

訳　者　清水多吉

発行者　大橋善光

印刷　凸版印刷
製本　凸版印刷

発行所　中央公論新社
〒100-8152
東京都千代田区大手町 1-7-1
電話　販売 03-5299-1730
　　　編集 03-5299-1840
URL http://www.chuko.co.jp/

訳者紹介

清水多吉（しみず・たきち）
1933（昭和8）年、会津若松生まれ。東京大学卒業、東京大学大学院（哲学専攻）修了。東京大学、名古屋大学、静岡大学、早稲田大学、立教大学、法政大学、神奈川大学で講師を歴任。ニューヨーク・ホフストラ大学客員教授、元社会思想史学会代表幹事、現在立正大学名誉教授。著書に『ヴァーグナー家の人々』『ベンヤミンの憂鬱』『西周』『岡倉天心——美と裏切り』『柳田國男の継承者福本和夫』、訳書にマルクーゼ『生と死の衝動』ホルクハイマー『道具的理性批判』ハーバーマス『討議倫理』クラウゼヴィッツ『戦争論』（上下）、その他多数。

Published by CHUOKORON-SHINSHA, INC.
Printed in Japan　ISBN978-4-12-160166-7　C1210

■「終焉」からの始まり
――『中公クラシックス』刊行にあたって

二十一世紀は、いくつかのめざましい「終焉」とともに始まった。工業化が国家の最大の標語であった時代が終わり、イデオロギーの対立が人びとの考えかたを枠づけていた世紀が去った。歴史の「進歩」を謳歌し、「近代」を人類史のなかで特権的な地位に置いてきた思想風潮が、過去のものとなった。

人びとの思考は百年の呪縛から解放されたが、そのあとに得たものは必ずしも自由ではなかった。固定観念の崩壊のあとには価値観の動揺が広がり、ものごとの意味を考えようとする気力に衰えがめだつ。おりから社会は爆発的な情報の氾濫に洗われ、人びとは視野を拡散させ、その日暮らしの狂騒に追われている。株価から醜聞の報道まで、刺戟的だが移ろいやすい「情報」に埋没している。応接に疲れた現代人はそれらを脈絡づけ、体系化をめざす「知識」の作業を怠りがちになろうとしている。

だが皮肉なことに、ものごとの意味づけと新しい価値観の構築が、今ほど強く人類に迫られている時代も稀だといえる。自由と平等の関係、愛と家族の姿、教育や職業の理想、科学技術のひき起こす倫理の問題など、文明の森羅万象が歴史的な考えなおしを要求している。今をどう生きるかを知るために、あらためて問題を脈絡づけ、思考の透視図を手づくりにすることが焦眉の急なのである。

ふり返ればすべての古典は混迷の時代に、それぞれの時代の価値観の考えなおしとして創造された。それは現代人に思索の模範を授けるだけでなく、かつて同様の混迷に苦しみ、それに耐えた強靭な心の先例として勇気を与えるだろう。そして幸い進歩思想の傲慢さを捨てた現代人は、すべての古典に寛く開かれた感受性を用意しているはずなのである。

（二〇〇一年四月）

中公クラシックス既刊より

ソクラテスの弁明ほか

プラトン
田中美知太郎ほか訳
解説・藤澤令夫

前三九九年、ソクラテスの刑死事件からプラトンの著作活動が始まった。師を弁明するための真剣な営為、それが哲学誕生の歴史的瞬間だった。対話篇の迫力を香気ゆたかに伝える名訳。

君主論

マキアヴェリ
池田廉訳・解説

十五世紀末イタリア、祖国フィレンツェが置かれた危機的状況の中でこの『君主論』は誕生した。あらゆる道徳の仮面を剝ぎとり、力の概念による政治独自の法則を見抜いた不朽の古典。

パンセⅠⅡ

パスカル
前田陽一ほか訳
解説・塩川徹也

近代ヨーロッパのとば口に立って、進歩の観念を唱導し良心の自由を擁護しながら、同時に合理主義と人間中心主義の限界と問題性に鋭い疑問の刃を突きつけた逆説的な思想家の代表作。

方法序説ほか

デカルト
野田又夫ほか訳
解説・神野慧一郎

「西欧近代」批判が常識と化したいま、デカルトの哲学はもう不要になったのか。答えは否である。現代はデカルトの時代と酷似しているからだ。その思索の跡が有益でないわけはない。

中公クラシックス既刊より

コーランⅠⅡ

藤本勝次ほか訳
解説・池田修

コーランは、アッラーが預言者ムハンマドに下した啓示を集録したイスラムの聖典。神の言葉そのものとして、ムスリムにとって正邪善悪に関する判断の究極的な拠り所とされている。

わが半生

W・チャーチル
中村祐吉訳
解説・君塚直隆

英国20世紀最大の政治家はいかに誕生したか？劣等生だった生いたちや従軍体験が育んだ政治信条とたゆまぬ闘志の意味を自らが述べる。歴史的英傑の半生の記。

冷戦の起源
戦後アジアの国際環境ⅠⅡ

永井陽之助
解説・中山俊宏

東アジアの国際環境はいかにかくあるのか。米ソの暗闘が世界分割を産みだし、それ故に再統合や世界秩序形成が遅れた歴史の皮肉を各種史資料から徹底的に分析する。

古典外交の成熟と崩壊ⅠⅡ

高坂正堯
解説・中西寛

メッテルニヒ、カールスレイ、ビスマルクらが探究した外交術は「勢力均衡」原則の維持だった。緊張緩和と戦争抑止に英断を下すに至った彼らの思索と方法を解明する。